中国乡村发现

｜连续出版物｜总第60辑｜2022（1）｜

主　编／陈文胜
副主编／陆福兴　瞿理铜　李　珺

湖南师范大学出版社
·长沙·

中國鄉村發現

| 连续出版物 | 总第60辑 | 2022（1）|

主　编：陈文胜（湖南师范大学中国乡村振兴研究院院长、中央农办乡村振兴专家委员）

副主编：陆福兴（湖南师范大学中国乡村振兴研究院副院长、教授）

　　　　瞿理铜（湖南师范大学中国乡村振兴研究院副院长、副教授）

　　　　李　珺（湖南师范大学中国乡村振兴研究院博士研究生）

主 办 单 位：湖南师范大学中国乡村振兴研究院

编 辑 部 地 址：湖南省长沙市岳麓区麓山路 370 号湖南师范大学里仁楼

邮　　　　编：410006

电 话 / 传 真：0731-88872694

网　　　　址：http://www.zgxcfx.com

书刊投稿邮箱：zhgxcfx@163.com

官 方 微 信 号：乡村发现

征　稿

来稿要注重田野调查，突出问题意识；注重农村发展实践尤其是乡村现实问题，提出能够进入农村基层实践、服务农村发展决策的对策建议；文风朴实，语言精练，通俗易懂，突出实例和数据，而非教条和空谈；篇幅在 3000 字以内，不存在知识产权争议；来稿请用电子邮件发至编辑部邮箱：zhgxcfx@163.com，并注明作者姓名、工作单位、地址及邮政编码（附个人简介及联系方式）。凡县乡干部、农民的来稿优先录用，与乡村无关或纯理论文章谢绝投稿（文学作品一律谢绝）。

小　启

因联系不便，请书中所采用图片的作者与编辑部联系，以便奉寄稿酬。

目　录

专　稿

以务实管用的方法加强和改进乡村治理

⊙ 唐仁健

乡村治理是国家治理的基石，是乡村振兴的重要内容，不仅关系到农村改革发展，更关乎党在农村的执政基础，影响农村社会大局稳定。要将乡村治理放到提高国家治理体系和治理能力现代化水平、全面推进乡村振兴的大局中来认识和谋划，不断完善制度框架和政策体系，用务实管用的工作方法推进善治和乡村建设。

一、深入学习领会习近平总书记重要指示精神，深刻认识新阶段新征程全面加强和改进乡村治理的重要意义

当前，三农工作重心历史性地转向全面推进乡村振兴。要主动适应新形势新要求，充分认识加强和改进乡村治理的重要意义，进一步统一思想、提高认识，真正把统筹推动乡村治理的责任扛起来、工作落下去。

第一，这是总书记关心、党中央重视的一件大事，要从讲政治的高度来认识。

党的十八大以来，习近平总书记对乡村治理工作作出一系列重要论述，强调要创新乡村治理体系，走乡村善治之路；健全自治、法治、德治相结合的乡村治理体系，让农村社会既充满活力又和谐有序；改善农民精神风貌，提高乡村社会文明程度。近年来中央一号文件都把乡村治理作为一项重点工作进行部署，2019 年中办、国办专门印发了《关于加强和改进乡村治理的指导意见》。

乡村治理是一项外部性很强的基础工作，是一项重大的政治工作、社会工作、群众工作。抓好了就是正外部性，农村和谐稳定，农民安居乐业、精气神积极向上，就能巩固党在农村的执政基础，稳固农村这个战略后院，保障乡村振兴行稳致远。抓不好就成了负外部性，可能导致人心离散，甚至激化矛盾而引发社会不稳定因素。新中国成立以来，农村能够保持稳定，很重要的一条经验，就是我们党始终高度重视乡村治理工作。新阶段新征程，我们面临的外部环境更加错综复杂，改革发展稳定任务更加艰巨繁重，更需要加强和改进乡村治理，以乡村善治为开新局、应变局、稳大局提供基础支撑。

第二，这是全面推进乡村振兴、加快农业农村现代化的一件要事，要从系统谋划、统筹推进的角度来对待。

在乡村振兴五句话二十个字的总要求中，乡风文明、治理有效就占了两条；在乡村五大振兴中，人才、文化、组织振兴都是乡村治理的重点任务；在农业农村现代化中，乡村治理体系和治理能力现代化是应有之义。全面推进乡村振兴，重点就是抓乡村发展、乡村建设、乡村治理。这三件大事相辅相成，要系统谋划、协同推进。既要通过产业发展、乡村建设打牢乡村全面振兴的物质基础，也要通过加强和改进乡村治理，提供高效组织动员的社会基础和农民向上向善的内生精神力量。乡村产业发展了，老百姓腰包鼓了，对生活品质、美好环境的需求自然而然也就有了，精神文化生活也需要丰富起来，否则农民无所事事，要么打牌赌博，要么大操大办红白喜事，甚至给非法宗教、封建迷信活动提供滋生的温床。全面推进乡村振兴，硬件、软件都要抓，不能顾此失彼。

第三，这是办部局系统必须抓、要抓好的一件新事，要以守土尽责的力度来落实。

现在各级农业农村部门的工作已经从一农拓展到三农，农村的工作都要统筹抓起来。今年国务院扶贫办改组为国家乡村振兴局，归口农业农村部管理。今后乡村振兴是中央农办、农业农村部、国家乡村振兴局三家一起抓，抓好乡村治理自然也是办部局系统的职责所在、分内之事。中央农办要发挥好牵头抓总作用，农业农村部要搞好统筹，乡村振兴局要把相关具体工作抓起来。上边有办部局统筹抓，中间有各地党委农办、农业农村部门、乡村振兴部门一起管，下边有基层组织和驻村工作队具体干，是大系统、大队伍，抓好这项工作有条件、有底气。

从这几年实践看，在牵头抓总、统筹协调、推动各部门形成工作合力的基础上，探索创新了积分制、清单制、数字化等治理方式，乡村文化和农民宣教活动也有好的起色。实践证明，乡村治理抓与不抓、大抓和小抓、虚喊跟实干大不一样，只要下足力气、把准方向、做实抓手，这件事就能抓好、抓出成效。

二、聚焦重点难点，着力破解当前乡村治理的突出问题

乡村治理涉及的方面很多，需要解决的问题也不少。总的工作思路和重点任务，中央已经作出全面部署，中央农办、农业农村部也会同相关部门作了具体安排，要认真抓好贯彻落实。当前，重点是立足全面推进乡村振兴的新形势新任务，坚持问题导向，针对性解决突出矛盾问题，以点带面推动乡村治理工作再上新台阶。

第一，推广运用清单制，着力解决村级组织负担重、运行不规范等问题。
现在，一些地方考核检查应接不暇、村级组织压力山大、村级运行不规范等问题确实突出。这些问题不解决好，村级组织运行无序、疲于应付，村干部都成了"表哥""表姐"，精力都放在填表打卡迎检上，没时间为农民群众提供优质服务、抓乡村振兴。

整治形式主义，减轻村级组织负担，规范村级运行，最根本的是建立长效机制，各地进行了积极探索。目前看，清单制就是一种应用范围广、务实管用的机制，虽然具体形式不同，但归结起来，都是将基层管理服务事项细化为清单，明晰职责边界、优化办事流程、健全评价机制，形成规范化、精细化、具象化的制度办法，能够有效促进村级组织高效规范运行，提升乡村治理效能，好学、可用、能推广。各地要结合自身实际，积极有序推广运用。

一是科学编制清单。从各地实践看，具体清单主要有村级组织自治事项清单、村级组织协助政府工作清单、村级小微权力清单、公共服务事项清单以及评比考核、出具证明清单等几类。具体到一个地区，编制清单不要过分求多求全，要以问题为导向，针对本地突出矛盾、基层干部群众关注的突出问题，确定清单类型。重庆市渝北区从破解基层负担过重入手，向行政管理惯性"开刀"，用"四张清单"解难题、破困局、提效能，就是很好的例子。编制清单的条目，要依照法规政策全面梳理，做到精准、清晰、简明。广东省汕头市梳理村级组织自治工作47项、协助政府工作76项，制定村公共服务项目6大类36小项，各项工作于法有据、

权责清晰，让村级组织运行由无序到有序，从以前承担过多行政事务逐步回归到服务群众的主责主业上。

二是规范清单运行。有了清单，还要建立每项清单的运行规则，明确实施的主体、内容、流程等细节，并通过张榜公布、网上公开、漫画图册等方式广为宣传，做到让群众能按章办事，干部会依规履职。浙江省宁海县推行小微权力清单制，在依法梳理出36项权力清单的基础上，配套编制了45张流程图，明确了权力主体、权力内容、操作流程、决策方式、法律依据等。大家关心的村级事务，找谁办、怎么办、什么时间办完一目了然。制定这些规则，实质上是实现了清单运行的规范化和标准化，把权力关进制度的笼子里，让村干部管事由"逾矩"变"规矩"，农民群众办事由"烦心"变"顺心"。

三是发挥监督作用。保障清单制的有效运行，监督就得到位。要鼓励群众通过"议事会"等载体开展监督，提升村务监督委员会履职能力，压实乡镇监督责任，充分发挥上级党委政府、群众和社会各方面的监督作用。要定期对清单运行情况开展群众民主评议、上级部门考核评价，评价结果与干部考核、绩效奖励、评优评先等挂钩，并明确违规问题处理办法。湖南省涟源市将清单运行纳入纪委监委日常监督重要内容，对违反清单办事的单位和负责人严肃问责追责、曝光通报，各地可以借鉴。

同时，清单制的运行，还要有一定的人力、经费、技术等手段予以保障。在推广上不能搞一刀切、齐步走，条件成熟的，可以制定省级指导意见，在大范围甚至整省推进；也可以先鼓励部分市、县，因地制宜开展不同类型清单的实践探索，待试点取得经验后再逐步推广推开。

第二，持续推进农村移风易俗，解决好高价彩礼、人情攀比、厚葬薄养等突出问题。

这些问题，群众反映十分强烈，社会舆论普遍关注，表面看似小事，但长期积累可能带来严重后果。比如天价彩礼、大操大办，看上去只是人情往来，但如果听之任之，就会形成互相攀比、铺张浪费等不良风气，让农民背上沉重的"人情债"。2019年5月，习近平总书记主持中央深改委会议审议通过了《关于进一步推进移风易俗 建设文明乡风的指导意见》。两年多来，各地各部门进行了积极探索，取得了较好成效。但一些地方的陈规陋习还是"涛声依旧"，抓一抓好一阵，放一放又反弹回潮甚至愈演愈烈，这都反映出移风易俗必须长期抓、持续抓，在思想上形成自觉、在制度上形成规范、在风气上形成氛围，坚持不懈、落细落小，真正以新风易旧俗。

一是落细落实约束性措施，把村规民约立起来。制度规范的执行，最怕的就是破窗效应。村里明确不许大操大办，但有人大操大办了却没有受到惩戒，规范就形同虚设、变成摆设。村规民约，对于正面的、向上的要引导倡导，对于负面的、禁止的也得有细化实化、可操作的细则和罚则。比如河北省邯郸市肥乡区出台了红白喜事指导标准，由村委会或村民红白理事会参照指导标准，制定本村细则，明确待客范围、礼金数量、席面规模、办理天数、仪式程序等具体标准。肥乡区还出台了相关规定，对于带头移风易俗好家庭，明确了享受免费体检、生育住院费用减免、创业贷款等6项优惠政策；对于违反规定的，明确了不能评为星级文明户、电视台曝光等5项约束性措施。这样标准清晰、有奖有罚，花小钱办大事，增强了村规民约的导向性、约束性。在农村，村看村、户看户，群众看干部，管好了党员干部这个关键，群众工作就好做了。因此，各地在推进移风易俗过程中，首先应要求党员干部带头执行，对于违反者要依据党纪党规予以惩戒。同时，充分发挥红白理事会、村民议事会、道德评议会等群众组织作用，通过有效约束，引导群众贺喜庆祝有分寸、丧葬风俗有尺度，形成良好乡风。

二是强化针对性宣传，把社会氛围提起来。我国农村是个典型的熟人社会，村民之间相互影响很大，群体性特征明显，抓宣传教育、推动成风化俗非常重要。今年4月25日，中央农办和中宣部在安徽小岗村共同启动了"听党话、感党恩、跟党走"宣讲活动，以通俗易懂的语言和群众喜闻乐见的形式讲成就、讲政策，有效增进了农民群众对党的政治认同、思想认同、情感认同。农业农村部还组织开展了"县乡长说唱移风易俗"活动，运用地方传统曲艺等方式进行宣传引导，营造氛围。要把这些活动长期坚持办下去，组织党员干部进村入户、进田下地，面向农民群众深入开展习近平新时代中国特色社会主义思想教育，大力弘扬和践行社会主义核心价值观，反对封建迷信。选树农村道德模范、身边好人、五好家庭和好邻居、好婆媳等先进典型，用好县乡广播电视、镇村公开栏、农村集市等传统宣传阵地，探索利用微信、短视频等新媒体新阵地，抓住过年过节、寒暑假等关键时段，讲述农民群众"看得见、够得着、摸得到"的事迹，对婚丧陋习、孝道式微等不良风气，及时曝光，形成舆论压力，做到"好人好事人人夸、歪风邪气有人抓"。

三是聚焦重点群体需求，把民生难题解决好。陈规陋习既是社会风气问题，背后也隐含许多民生短板。比如，厚葬薄养反映了农村养老保障和服务体系还不健全，年轻人面临出门打工与回家照顾老人的两难困境。高价彩礼反映了当前农村青年择偶选择面窄、婚恋服务不健全等现实难题。要聚焦重点，帮助农村大龄青年提高技能水平和致富能力，拓展交友交际信息渠道，增加低成本的婚恋服务供给，推动解决高价彩礼等问题。甘肃省合水县组织开展青年联谊会、举办集体婚礼等方式，推广"零彩礼"，省心省钱还隆重大方，既有面子也保住了"里子"。推进移风易俗，要紧盯重点群体的民生需求，采取务实有效的办法，为他们办好事解难事。

第三，提高农民组织化程度，探索破解乡村社会"散"的问题。

当前乡村治理方面的问题，归结起来就是一个"散"字。有些地方村庄缺乏凝聚力、向心力，"说话没人听、办事没人跟"。要通过组织农民、发动农民，重塑村级党组织的领导力、引领力、号召力，巩固党在农村的执政基础。

一是强化党建引领。我们党抓农村工作很重要的一条经验，就是把党的组织建在村里，发挥村党组织战斗堡垒作用，通过政治教育、思想引导、社会服务把农民组织起来，紧密团结在党的周围。推进乡村治理，一定要把强化农村基层党组织建设摆在首位，建强基本队伍、基本阵地、基本制度、基本保障，组织带领村委会、集体经济组织、社会组织等共同唱好乡村全面振兴大合唱。要加大从本村致富能手、外出经商务工人员、高校毕业生、退伍军人等群体中培养选拔村干部的力度，健全第一书记工作队常态化驻村工作机制，增强乡村治理骨干力量。广泛开展党员户挂牌、承诺践诺、设岗定责、志愿服务等活动，充分发挥2500多万农村党员的先锋模范作用，引领群众组织起来、人心凝聚起来。

二是突出文化凝聚。如果长期缺乏健康向上的精神文化生活，农民群众就容易被封建迷信、拜金主义、个人主义等侵染，影响对集体的归属感、认同感，侵蚀党在农村的思想基础。这些年，村级文化服务中心基本实现行政村全覆盖，农家书屋、文化活动广场等设施也更加健全，但一些地方有设施没人用、有场所没活动等问题还不少，有些村民无所事事沉迷于打牌赌博、刷手机、玩游戏。农村思想文化阵地，我们不去或者没有很好地去占领，留下缝隙，就会被别人占领。其实乡村优秀传统文化有特色有精华，农民也欢迎，这方面抓好了，农村的文化阵地就能建强了。要积极培育扎根农村的乡土文化能人，支持发掘乡村本土文化资源，运用现代化传播方式、农民喜闻乐见的形式，推出一批具有乡土特色、贴近农民生活、积极向上的文化活动，用优秀的文化滋养身心、凝聚人心。这几年，各地着眼农民需求，依托中国农民丰收节庆祝活动，举办农民艺术节、农耕文化节、农民运动会等多种文化活动，给农民群众送上了一份精神文化大餐，受到农民欢迎，要继续坚持做好，打造乡村文化品牌。

三是化解矛盾纠纷。 改革开放以来，农村社会结构和利益格局都在发生深刻变动，一些地方城乡之间、企业与农民之间以及农民内部不同群体之间利益的调整，不可避免会带来各种矛盾冲突。近年来一些农村因为征地拆迁、宅基地使用等引发纠纷，甚至群体性事件时有发生，一定要引起高度重视。化解矛盾纠纷，一方面，必须健全乡村治理体系，从制度上理顺各种利益关系，平衡不同利益诉求，维护农村社会和谐稳定。另一方面，要建立完善多元化的调处化解机制，推广新时代"枫桥经验"，做好矛盾纠纷源头化解和突发事件应急处置工作。只有把为民解难题做到他们心坎上，才能让矛盾不出村、不出乡，从源头上预防和减少社会矛盾。

三、把握乡村发展规律，创新完善乡村治理工作方式方法

乡村治理是党委农办、农业农村、乡村振兴系统的一项新职能，要适应农村发展变化的实际，探索新打法新路径。

第一，工作如何切入、怎么破题？

这几年，中央农办、农业农村部、国家乡村振兴局通过一手抓统筹协调，推动出台文件，建立部际联席会议制度，与相关部门一起会商形势、谋划政策、推进落实，形成了协同配合、合力推进的良好机制；一手抓模式创新，会同有关部门开展乡村治理试点示范，遴选全国典型案例，形成了新的工作抓手。乡村治理、乡风文明等工作涉及许多部门，但只要工作定位找准了、思路方法找对了，该牵头的牵头，该配合的配合，就能得到大家的认可和支持。要坚持协同推进的工作方法，不断总结和完善工作机制，强化乡村治理的工作合力。

第二，工作角度怎么把握？

乡村治理关键是做好群众工作，争取绝大多数农民群众的支持认可。要紧密联系群众、紧紧依靠群众，多做正向引导、正面宣传，把道理实实在在讲清楚，把利害清清楚楚说明白，让人心服口服。对于人情攀比问题，大多数农民深受其害，

但又碍于情面，谁也抹不下面子，不得不随大流，如果定出了标准、明确了规范，大家都一样，少花钱也不丢面子，相信绝大多数人会拥护。治理高价彩礼、高价人情，不是限制或取消正常的人情往来，这个度也得把握好。切忌在工作中简单粗暴，把农民群众推到对立面，造成工作被动，引发新的矛盾。

第三，农民的积极性怎么调动？

农民既是乡村治理的对象，更是治理的主体。抓好这项工作，关键是保障好农民群众的知情权、参与权、决策权、监督权，村规民约制定、村庄规划设计、低保户确定、宅基地分配等事项，都要让村民充分参与进来，让老百姓自己"说事、议事、办事、主事"。江苏省在推动农村危房改造过程中，坚持"农民群众不认可不启动，农民群众不满意不收尾"，充分吸收农民的意见建议，反复进行思想动员。这样就把头尾都交给群众来把握，充分吸收农民群众的意见建议，把工作做在前，看着前期费劲一点，后期工作推动就非常顺利。这些好的做法要认真总结推广，逐步提升为乡村治理的制度性安排。做好农村工作关键是把农民组织动员起来，建立农民参与的有效机制，农民能干的事要交给农民干，政府为主干的事要把农民带上一起干。这个方法看似麻烦，实际省事，一劳永逸，长期管用，否则负无限责任。

第四，抓手载体怎么做实？

乡村治理、乡风文明等工作，抓的是软件，务的是实功，要想取得明显成效，必须"虚事"实做、软件硬抓，让这些工作看得见摸得着，农民有真实感。积分制、清单制为什么能落地能见效？总结起来有三条。一是有细化的标准，哪些能干、哪些不能干列得清清楚楚，干多干少有量化的指标。二是有规范的程序，干一件事有哪几步、去哪办、谁来办，一目了然。三是有评价的机制，干完后谁来考核、考核什么内容、结果怎么运用，都有一整套的办法。乡村治理工作如果都能像这样具体、具象、规范，找准抓手载体，一定能抓好抓实抓出成效。

（作者系中央农办主任，农业农村部党组书记、部长。本文系作者 2021 年 11 月 16 日在乡村治理中推广运用清单制暨农村移风易俗工作视频会上的讲话，文章略有删减）

◎责任编辑：李珊珊

中国农业保险现状及未来发展

⊙ 陈锡文

　　随着中央提出实施乡村振兴战略，解决三农问题视野不断拓宽。在世界各国来讲，特别是在有分量的大国中，中国在推广农业保险方面，可以说还是一个新起步的国家，真正实现农业农村保险时间并不太长，积累的经验有限。所以怎么能够进一步深化？这个也是当前迫切需要推动的。一个拓面，一个深化，这是当前农业保险业应该考虑的问题。

　　乡村振兴战略，是中共十九大作出的重大决策部署，这个战略是伴随着中国建设现代化强国的过程一并推进的。在这个过程中，农业保险确实能找到很多渠道，需要去关注，需要去支持，需要去帮助点、面和整个乡村工作紧密结合在一起。另外一方面，农业保险从国家来讲，将确保国家粮食安全、确保农产品供给，保证14亿人食物供给链的安全,是放在很重要的位置,跟国计民生、国家安全、应对外部风险来说这都是非常重要的方面。从这个领域去讲，保证农业生产的正常进行，保证农产品，特别是粮食稳定持续供应，这方面还是要作为农业保险的重点领域给予高度关注，并且不断创新。

　　从农产品、农业保险这个角度谈几点看法。

第一，农业生产总体对保险的要求在不断提高。

　　从近些年农业快速发展的实践能看到有几个特点表现得非常明显：一是农业产业中的资产积累速度极快，资产规模达到较高水平。包括农业生产的基础设施、农田水利建设、大量设施化的大棚，从低级到高级的各种设施增长得非常快，再包括农业各种各样的机械，无人机等，农业资产增长速度越快，资产规模越大，对安全的要求就会越高。二是从近些年中央提出农村一、二、三产业融合发展以来，产业链的延长速度也非常快。由于产业链延长，除了农业生产，仓储、加工、运输、营销等方面的投入和规模都在快速增长，这将为农业保险带来非常大的促进作用并提出更高的要求。三是从资金资产的角度看，农业每个周期的投入量也在不断增长。比如农业生产质量，要绿色生产，减量化等，但是价格也在不断提高，与此同时新的投入也在不断产生。另外，对农业来说劳动力成本也在不断提高，投入资金量也是非常快。四是农民对收入增长的期望也在不断提高。从以上几个角度来讲，农业本身对于保险的需求会越来越高，越来越强。

第二，农业风险也在不断增加。

近期在我国提到农业风险很自然地讲到猪的问题，猪周期是必然的，但是在中国历史上，甚至更大的国际范围内却很少出现像这次这么大的波动。去年的猪肉产量 4200 多万吨，和最高的 2014 年、2015 年相比，猪肉产量降了 30%，这么大的波动很少见到，为什么会这样？这次这么大的波动是什么原因？业界还有比较大的争论。有的认为是生态原因，有的则认为是防疫问题。如果是猪瘟的话，当然主要是自然界的风险。但这次的大波动到底属于什么样的风险？应该采取什么措施去应对？需要深入研究。

再一个是河南大水灾，涉及范围还不止河南。最近反复讲极端性气候的变化在增加，对农业来讲是很大的风险，自然风险在不断提高。第二个市场风险，由于投入大，产品产出规模增多，积累了相当大的市场风险。无论是猪肉，还是现在面临的一些问题，既有自然方面带来的风险，也有生产者对市场分析研究的不够，与需求结合得不紧密带来的一些风险。

资源部公布了第三次国土调查的资料，耕地减少的部分相当大的比例是转为林地和园地，园地一个是果园，水果的问题，第二个是茶园，茶叶的问题。结构调整到现在的时间也不长，从脱贫攻坚到乡村振兴，很多地方都感觉到有必要加快推进农业生产结构的调整，于是耕地转为其他用途，数量大了带来市场供给的变化。从市场分析的角度看，今年水果的销售状况不好，很多地方的价格是下降的。现在进入盛果期，各地水平都差不多，猕猴桃、葡萄，南方还有一些南果，北方有大枣、核桃。一进入盛产期，市场就无法承受。按照统计年鉴每年统计出来的茶园面积，资源部公布的第三次国土调查中的茶园面积大概只相当于 2007、2008 年的面积，2020 年统计年鉴中显示，截至 2019 年茶园面积是 4200 多万亩。最近，茶叶主销部门开始积压绿茶，销售难度较大，跟快速扩张有关。要想规避市场风险，在相当大程度上，生产者自己要清醒，但是生产者恰恰因为信息不对称，只知道调整结构、扩大生产，于是积累了较高的市场风险。

第三，政策风险。

党和国家制定政策的过程中会广泛征求意见，但是政策的变化也存在一些不确定的问题，尤其对国际市场的反映和变化。比如过去的粮油生产，国家在这方面有多种多样的政策，其中之一便是储备条件。这几年储备猪肉发挥了一点点作用，但毕竟还是有限的。再比如说粮食市场的波动，储备粮发挥了很大作用。现在的问题是现有的玉米储备没有了，从中储粮的角度来看，现在市价高，玉米的价格比小麦高，小麦的价格、稻谷的价格已经高于最低收购价了，这个情况下中储粮就不能收了，财政部也不会允许在这么高的情况下收。同时，今年玉米产量未知，明年是否能够满足玉米需求，如果出现问题，除了进口没有别的手段。类似于这样的问题，亟需关注到规模大了，水平高了，产量多了，与此同时面临的市场风险、政策风险都在加大。农业保险工作主要是市场行为的工作，但是必须紧密结合实际形势认真进行研究，才能做得更好。随着资产规模的增加，农民的期望又高了，农民对保险会有更高的要求。对保险来说也会承受相当大的压力，怎么去做好它？这是当前要认真研究的一个方面。

除了刚才讲到的新情况、新问题之外，现在面临着非常大的问题，从 2018 年一号文件就提出了对三大主要粮食作物实行全成本保险，最近提出逐步转向农民收入保险。今年 6 月份总理去东北视察完了回来，又提到了这个问题，加快推进稻谷、小麦的全成本保险和玉米生产的收入保险，面对这么复杂的形势变化，面对越来越多的风险，采取什么样的方式对农民或者说对种粮的农民进行保险，才能真正化解风险，让农民得到实实在在的收益，这是个很关键的问题。比如全成本保险，除了物化成本之外，还有劳动投入，还包括地租。地租近几年涨得非常快，根据各地调查显示，大多数地租率在 50% 以上。例如东北政策之前和之后都有这个问题，2014 年、2015 年一公顷玉米大概是两万块钱的毛收入，地租就是一万块钱，就是 50%，现在价格又增加了。这些问题到底怎么去研究处理？应该保哪些？哪些是不能保的？可能还需要很深入地研究。

随着国务院 6 月份部署稻谷、小麦的全成本保险和玉米收入保险提出之后，国务院考虑到今年猪肉饲料价格上涨比较快，专门给种粮农民 200 亿补贴，这个补贴对农民的行为会有什么变化，对保险有什么影响，这个事需要研究。这 200 亿给谁是很大的问题，是给土地承包者？还是给粮食的生产经营者？这个被争论得很厉害。国家对粮食进行直接补贴之后，十七八年了，一直在争论，应该给谁？应该给土地承包者？还是应该给转入土地的经营者？这个事本来是市场问题。经过反复调查，如果一定要把这个补贴补给转入土地的经营者，那么承包者一定把地租提起来，要给了承包者，可能地租的变化就均匀了。

从国内情况来看，国家对农业的支持保护力度不断加大，各种各样的资金投入，有的变成资产，有的变成农民的收入，还有的变成其他促进农业发展的各种东西，它对保险到底有什么影响？这是一个需要进一步去研究的方面。

此外，还要研究国家财政出了这么大的力，通过现有的渠道支持农业，如果把这些手段和保险业结合得更好，能不能发挥更大的作用？这是一个要研究的最关键的大问题。若将 200 亿直接发给农民，农民间的争论不断，承保者与经营者也将面临困境。若转为保险，其能发挥多大的杠杆作用？下一步亟需理清在农业支持保护政策中，农业保险应该站在什么地位，起着什么作用。

第四，从国际形势来看迫切需要农业保险加快转型升级。

WTO 的规则在农业支持保护政策中，对黄箱补贴是有限制的。现在基本上我国的黄箱已经用满了，即将面临再补贴遭到起诉与不补贴农民丧失积极性的问题。而现在又出现对农业升级保护政策的大挑战，加入 WTO 就意味着必须开放市场，包括农产品市场必须开放，但是由于国标不统一，发展中国家市场是可以开放的，但是有限开放，于是我国对进口重要农产品采取的是关税配额制。关税配额制度在我国农业在国际市场竞争中起了相当大的作用，我国五大产品有关税配额，三大谷物也是有配额的，还有糖和棉花。糖和棉花缺口太大，设了配额，但下一步面临很突出的问题，稻谷、小麦、玉米的事怎么办？美国人一直觉得应该提高关税配额，或者应该放弃关税配额，我国为了保护国内产业发展，保护农民利益，一直没有这样做。

在如今农业上有很多复杂问题的情况下，这几年粮食总产量年年创新高，但是进口也年年创新高，过去这三大谷物进口至少没有突破配额，但是去年开始就突破了，玉米去年进口了 1200 万吨，承诺的关税配额玉米只有 720 万吨，已经超了这么多，那小麦和大米的配额怎么办？这些问题发达国家在二十多年前已经开始考虑，通过保险转型来解决这个问题。关贸总协定往 WTO 转时，对世贸组织有个设计，就是农业补贴的问题，到底能补贴多少？我国加入关贸总协定谈了很长时间，后面关贸总协定变成世界组织了。最开始提出来农业的黄箱补贴，发达国家只能是产成的 5%，发展中国家可以是 10%，谈判加入时期，我国被禁止用 10%，而用 8.5%。8.5% 的补贴率不仅是对农业总产值的补贴为 8.5%，而且是对每个具体的农作物补贴，而现在三大谷物补贴都已经超过了。1997、1998 年在日本访问时，农业专家谈的几乎都是加入 WTO 的农业补贴问题，因为有限制，发达国家都在 20 世纪 90 年代末到 21 世纪初都在研究农业支持保险政策的转型，而最重要的就是把黄箱补贴不仅是往绿箱转，更主要是转到农民收入保险方面，那么就摆脱了黄箱制约。

我国作为农业大国，下一步的农业保险转型升级，一是形势很迫切，二是要敢于去碰那些不熟悉的地方，碰中国作为农业农民大国碰不了的地方。从 1986 年一号文件停了 18 年后，2004 年又开始发一号文件出台三大政策，进一步减免农业税，对农民进行直接补贴，对稻谷、小麦一些重要产品实行最低收购价制，同时出台三大政策。当时很多经济学家不赞成，认为有这么多农民怎么补贴得起？从现在来看，如果那时候不对农民进行补贴，不对农业进行保护支持的话，这二十多年农业可能根本发展不起来。中央也反复提了几次向农民的收入保险的转法，怎么转既符合国情也符合 WTO 的要求，这是当前需要认真考虑的。在这些年来国家对农业的支持保护大量投入资金的大背景下，怎么能让它发挥更好的作用？政府这只手和市场这只手怎么能结合好？这是下一步要考虑的。

从当前这个形势变化来看有几点认识：第一，农业保险对农业发展、农业农村的现代化具有越来越重要的作用。第二，当前的国际国内形势迫切需要农业保险转型升级，保障水平大大提高。第三，我国是有这个条件的，因为政府已经拿了这么多钱支持农业，无非是要研究用什么方式支持更好、更有效。把这三个问题结合起来，下一步我们的研究或公司计划都将能加速往前推进的步伐。

（作者系湖南师范大学中国乡村振兴研究院首席专家，全国人大常委会委员、农业与农村发展委员会主任）

◎责任编辑：李珊珊

改变半截子城镇化让农民工成为新市民

⊙ 蔡昉

党中央明确提出"在高质量发展中促进共同富裕"，我认为这提出了四个要求：一是经济增长在合理的增速区间，按照2025、2035年的目标分别是进入高收入国家行列和中等发达国家，意味着15年间中国经济增长要翻一番。二是居民收入和经济增长同步，在实现翻番的同时，如果是促进共同富裕，还需要居民收入和经济增长保持基本同步。三是通过三个分配领域缩小收入差距。四是从培养中等收入群体的角度，亟待扩大社会性流动，特别是把横向流动转化为纵向流动。

从目前来看，人口变化趋势是经济增长的最大挑战，分别从供给侧和需求侧两个方面形成制约。在供给侧，未来中国劳动年龄人口（15～59岁）会继续减少，对经济增长造成供给侧的冲击，一个突出表现是劳动力进一步短缺，导致劳动力成本快速上升。在需求侧，根据目前的增长速度，中国将在2025年迎来总人口的峰值，之后总人口进入负增长时期，并将通过人口总量效应、年龄结构效应、收入分配效应，对居民消费需求造成冲击。

解决上述问题，最核心的途径是继续推进城镇化。以2019年计，中国常住人口城镇化率为60.6%，就是说仍有39.4%的人口居住在农村。根据世界银行的统计数据，同年中等偏上收入国家的平均城镇化率为66.4%，高收入国家则为81.0%。按照经济发展水平与城镇化水平成正比的规律，中国的城镇化水平仍然滞后于自身的发展阶段。

不仅如此，中国还存在常住人口城镇化率同户籍人口城镇化率之间的差异,后者在 2019 年仅为 44.4%,两者之间大约有 16 个百分点的差距,也说明城镇化的非典型特征。另一方面,中国农业劳动力占全部劳动力比重,国家统计局的数字是 23.5%,与其他高收入国家相比,中国仍有 20% 的农业劳动力可转移。如果在"十四五"期间农业劳动力比重可以降低 10 个百分点,便意味着每年非农产业劳动力以 2.7% 的速度增长。

从需求侧来看,仅仅是把常住人口城镇化率和户籍人口城镇化率合一,即城市常住农民工获得城市户口,也意味着我们可以增加 2.6 亿城镇户籍人口。推进这项改革对供给侧也有帮助,因为劳动力供给更加稳定,有利于保障经济增长速度。更重要的是,新增 2.6 亿的新市民,有助于显著扩大居民消费。

根据中国社科院和国际专家分别做的研究,农民工因为没有城市户口,没有均等的基本公共服务保障,消费就有后顾之忧,他们的消费模式是一个非常规的消费模式,而不是城镇居民的消费模式。如果这部分人群有了城市户籍,仅仅因为这一点,不考虑增加收入或者其他因素,他们消费增加的幅度可高达 27% 到30%。

从居民收入的增长和 GDP 同步增长的角度来看,要把 GDP 增长转化为居民可支配收入的增长,同样需要快速推进城镇化。在国民经济的收入结构中,劳动报酬和居民收入所占比重偏低,消费在 GDP 中占比即居民消费率就比较低,难以支撑经济增长的内需动力。城镇化有助于改善国民收入结构。

居民收入不足,主要还在于挣工资的人群不够多,有大量的人是从事家庭农业经营,或者是自我雇佣就业。这部分人没有稳定的和可以持续增长的收入,而城镇化有助于改善这一点。此外,相关研究表明,在所有的挣工资人群中工资偏低的人比重仍然比较高。因此,促进城镇化,让农民工成为稳定的城市居民和城市劳动者,这有利于提高他们的工资,降低报酬偏低人群的比重。

需要通过三次分配过程来逐渐缩小居民的收入和财富差距,提高基本公共服务的均等化程度。在初次分配领域,最大的潜力是通过户籍制度改革,推进以农民工市民化为核心的新型城镇化,以此提高就业的稳定性、改善人力资本、提高这部分人口的收入,以及降低报酬过低人口的比重。在再分配领域,对应西方国家的从摇篮到坟墓社会福利,中国福利体系的建设有自身的特色,即从幼有所育到老有所养,七个"有所"体现针对居民全生命周期的基本公共服务供给。满足这些供给,不能在城市和农村人口各搞一套,而是要把农村人口向城市转移,缩小两者之间的差距。

第三次分配也与城镇化有密切的关系，现代意义上的慈善事业、志愿者行动以及企业的社会责任都是工业化、后工业化和城镇化的产物，而不是在城镇化率很低的情况下能够实现的。

城镇化一个很重要的功能是改善收入差距，很多研究表明，城乡收入差距构成整体收入差距的 40% ～ 60%，也就是说，缩小城乡收入差距就意味着整体收入差距的缩小。改善分配状况根本还是加快城镇化。

改善收入分配归根到底要靠扩大中等收入群体，而扩大中等收入群体要靠社会流动，并把横向流动提升为纵向流动。中等收入群体的标志是有恒产者有恒心，"恒产"主要是指稳定的工作、体面的工资、平等的就业机会、均等的基本公共服务以及适当的财产收入。现在 4 亿多中等收入群体，主要集中在城镇高、中收入群体中，农村居民占比较低。多数农村居民收入还处于中等收入群体之下，这意味着有 5 亿人口的农村，大量培养中等收入群体，最主要的途径是让他们成为城市居民。

一个基本事实是，占全部劳动力 23% 的农业劳动力，仅生产了 7% 左右的 GDP，如此低的劳动生产率，使得农村居民很难获得和城市完全同样的报酬。因此，降低农业劳动力比重，降低农村人口的占比，是改善收入分配，扩大中等收入群体的基本思路。

在城镇常住人口中 71% 是有户口的，剩余 29% 没有户口，主要是农民工。从农村来看这批农民工，表现为农村的户籍人口中 66% 常住，34% 不常住。这虽然是横向流动的结果，但妨碍了社会纵向流动。这也导致城镇劳动力市场上非正规就业比重过大，因为很多人处于流动性的就业，十分不稳定，因此就业的体制保障也就偏弱，具有不稳定的性质。

如果我们把个体就业和无单位就业相加作为城镇非正规就业，目前此项占到城镇全部就业的 30% 左右，这种现象是劳动报酬偏低以及低报酬人群占比偏高的重要原因，同时还降低了社会流动性。改变这种状况，还是要推进城镇化的完整性，而不能停留在半截子城镇化，或者没有户籍转变的城镇化阶段。

（作者系第十三届全国人大农业与农村委员会副主任委员、中国社科院高端智库首席专家）

◎责任编辑：李珊珊

时政解读：名家讲座

关于农业农村现代化的若干战略问题

⊙ 魏后凯

在二十世纪五十年代我国就提出了实现农业现代化的任务，农业现代化是"四个现代化"中一个很重要的方面。2017年习近平总书记在党的十九大报告中明确提出实施乡村振兴战略，加快农业农村现代化，而农业农村现代化是乡村振兴战略的总目标。2017年底召开的中央农村工作会议，2018年中央一号文件，2018年6月份发布的《乡村振兴战略规划》明确提出乡村振兴分"三步走"的战略构想，第一步目标现已实现，第二步到2035年要基本实现农业农村现代化，第三步到2050年乡村全面振兴，农业强、农村美、农民富全面实现。十九届五中全会又提出到2035年基本实现新型工业化、信息化、城镇化、农业现代化，在"新四化"同步中，农业现代化是短板。怎么来理解和推进农业农村现代化？

1. 要科学把握2035年农业农村现代化趋势。

什么是农业农村现代化，学术界做了大量的研究和思考。过去强调的农业现代化比较多，一种理解农业农村现代化是农业现代化的简单延伸。过去有关部门编制规划的时候，把绝大部分篇幅放在农业现代化上面，最后拖了一个尾巴就是农村现代化。这实际上是把农业农村现代化简单理解为农业现代化的延伸。还有一种观点，认为农业农村现代化是农业现代化跟农村现代化一个简单的相加。还有学者认为农业农村现代化是"三农"的现代化，也就是农业现代化＋农村现代化＋农民现代化，其中农村现代化也被理解为村庄的现代化。大家想一想，事实上农业现代化、农村现代化、农民现代化三个概念是相互交叉的。农业现代化并不局限于农村，如农业科技创新，农业的科研机构大部分在城市。什么是农业农村现代化？农业农村现代化既不是农业现代化简单的延伸，也不是农业现代化跟农村现代化简单的相加，它具有丰富的科学内涵。对农业农村现代化可以从不同的视角、不同的要素、不同的层面来进行理解。从要素的构成来看，可以把农业农村现代化看成是包括"物"的现代化、人的现代化、公共服务的现代化，跟乡村治理体系和治理能力的现代化。从核心内容来看，农业农村现代化是农村产业现代化、农村生态现代化、农民生活现代化、农村文化现代化、乡村治理现代化"五位一体"的有机整体，其中，包括农业现代化在内的农村产业现代化是农业农村现代化的核心和关键。

而现在有公司有单位把我们提出的"五位一体"思想应用到省市县评价中，加了一个城乡融合维度，我觉得城乡融合的概念更广，包括城也包括乡。

还有一种，可以从乡村振兴的视角来探讨农业农村现代化，这也是我对农业农村部在编制农业农村现代化规划时所主张的，从操作的层面来看，可以从乡村振兴的角度理解和评价，并构筑一个指标体系，来考察农业农村现代化。

2018年中央一号文件提出，到2050年要实现乡村的全面振兴，就是农业强、农村美、农民富，这是农业农村现代化最终的目标。最近中央又明确提出来"两高两宜两富"，也就是农业高质高效、乡村宜居宜业、农民富裕富足。我认为"两高两宜两富"是一个阶段性的目标，可以作为2035年基本实现农业农村现代化的一个目标值。当然中央没有这么说，是我个人这么理解。

按照上述"五位一体"的农业农村现代化的理念，我们构筑了一个指标体系来进行评价。2035年基本实现农业农村现代化有一个设定的目标值，2050年全面实现农业农村现代化也有一个设定的目标值。根据我们的研究，无论是按照2035年的目标值还是2050年的目标值来进行测算，到目前为止农业农村现代化现在都处于"中期阶段"。按照过去9年平均推进的速度来推进的话，从总体上来看，到2035年应该可以达到基本实现农业农村现代化的目标值，到2050年能够达到全面实现农业农村现代化的目标值。当然这是所有指标加总评价的结果，但实际上难度很大，后面还要谈这个问题。

今年我们发布了《中国农村发展报告2021》，报告的主题是面向2035年的农业农村现代化，以2019年为基期，按照实际增长可能达到的结果来进行评价，按照农业强、农村美、农民富三个领域来展开，设计了一套指标体系，测算了按照现在的基础和发展条件2035年有可能达到的目标值。

从结果来看，根据预测到 2035 年将基本实现以"农业强、农村美、农民富"为特征的农业农村现代化。我们对一些指标进行了详细地测算。

从"农业强"来看，预计到 2035 年农业劳动生产率超过 1.5 万美元，粮食综合生产能力稳定在 6.5 亿吨以上，农业科技进步贡献率超过 70%，等等。农业劳动生产率是按 2019 年价格测算的。

从"农村美"来看，按照七普的数据进行预测，2035 年城镇化率为 74% 左右，但是按过去的数据测算是 72% 左右，因为七普城镇化率为 63.89%，比上年未调整数据一下高了 3 个多百分点。未来中国的村庄，数量会减少，但人口规模会进一步增加，估计有可能达到 1500 人左右，基础设施和公共服务会更加完善，实现城乡基本公共服务的均等化。

从"农民富"来看，到 2035 年，农业就业比重将降低至 10% 以内，农村居民人均收入将超过 4 万元，恩格尔系数下降至 20% 以下，城乡居民收入差距缩小到 1.8。这是我们评价的结论性的东西。

2. 牢牢守住粮食安全的底线。

前段时间搞农业供给侧结构性改革，很多地方有误区，把供给侧结构性改革理解为结构性调整，有些地方把调出来的耕地，都用来发展非粮产业，结果结构调整了，农民收入增加了，但粮食生产忽视了。这可能不是我们所希望的结果，无论是农业高质量发展，农业供给侧结构性改革，还是乡村振兴、农业农村现代化，一条底线就是要确保国家的粮食安全。农业农村现代化是建设社会主义现代化强国的一个底线要求，而粮食安全又是这个底线中的底线。过去珠江三角洲、长江三角洲也是粮食主产区，随着工业化、城镇化的推进，耕地面积越来越少，粮食播种面积和产量不断下降，最后把保障国家粮食安全的任务转移到了中西部和东北地区。要是每一个地区都这么干的话，谁来保中国的粮食安全？所以要促进农业高质量发展，要全面推进乡村振兴，要实现农业农村现代化，一定要把粮食安全作为一个底线要求、底线的任务来考虑。根据我们的研究，从近期看，粮食安全是有保障的，2015 年以来中国的口粮自给率都在 100% 以上，口粮绝对安全能够保障。从谷物基本自给来看，2005 年以来谷物自给率均在 95% 以上，现在问题比较大的主要是饲料粮安全，重要农产品稳定供应中的问题，一个是肉类，受非洲猪瘟等的影响，过去中国猪肉供应紧张，价格大幅度上涨，这些年猪肉生产恢复以后，现在价格又大幅度下跌，价格波动很大。这就不符合重要农产品稳定供应的要求。还有一个是油料，食用植物油自给率不足30%，主要依靠进口，而且进口国高度集中，大豆、油菜籽、棕榈油都是如此。中国的大豆85%以上依靠进口，进口大豆90%以上来自巴西、阿根廷、美国。油菜籽90%以上进口来自加拿大，棕榈油完全依靠进口，99%以上进口来自印尼和马来西亚。

从长远看还存在诸多的潜在风险，可以从两个方面来看，一个是从供给来看，耕地面积减少，质量下降。近年来农民种粮积极性不高，尤其是粮食的播种面积在不断减少，当然去年情况发生了改变。一些地方耕地撂荒现象严重，耕地"非农化"屡禁不止，耕地流转中的"非粮化"相当严重，问题凸显。粮食主产区的数量、主产区的范围在不断缩减，过去把粮食生产向主产区集中，作为改革的成效，我觉得不能完全这么看。主产区越来越少，最后就集中几个，从长远来看这是一个潜在的风险，确保国家粮食安全是中央与地方共同的责任，是粮食主产区的责任，也是粮食主销区的责任。

从需求来看，随着工业化、城镇化的推进，随着消费层次的升级，粮食需求的总量还会不断地增加，而且会产生一些结构性的矛盾。下一步一定要高度重视国家粮食安全的保障问题，要把确保粮食安全作为乡村振兴，作为推进农业农村现代化的一个底线要求。要实行分层次、分品种的大粮食安全战略。

3. 补齐短板，分梯次推进农业农村现代化。

从简单平均的指标加总来看，到2035年基本实现农业农村现代化目标值，以及到2050年全面实现农业农村现代化的目标值应该问题不大。但是，实际上难度很大，为什么？因为一些核心指标达不到。哪些核心指标达不到？测算结果表明，一是提升农民收入难度很大，二是提升农业生产率难度很大，三是改善农村的公共服务难度比较大，四是农民文化素质跟不上，五是农村环境污染问题。农村环境污染主要是两块，一块是化肥农药过度使用，远高于世界平均水平，更高于国际公认的化肥农药使用强度的安全上限，现在使用过量了，是不安全的。如果农民收入、农业生产率、农村公共服务、农民文化素质、农村环境污染治理这些核心指标达不到，将很难真正全面实现农业农村现代化。所以要高度重视加快农业农村现代化，一定要补短板，要加强薄弱环节。包括污水处理，前段时间农村环境整治主要是改厕，厕所改了以后没有污水处理，不配套，就排到周边，冬天倒没有什么，但是夏天怎么办？臭气冲天。下一步农村的地下管网、农村的污水处理怎么配套推进？这是一个大问题，所以加快农业农村现代化一定要补短板。

中国的农村面积很大，有 50 万个行政村，230 多万个自然村，一定要因地制宜，分梯次推进农业农村现代化，湖南省也是这样的，长株潭发展基础条件好一点可以先行一步，其他一些地区水平差一点，可以相继跟进，不可能每一个地区，每一个县市都齐头并进，一定要分梯次推进农业农村现代化。

从全国来看，我们做了一个测算，大体可以分三个梯次。一是上海、江苏、浙江、北京、天津加上大都市区的郊区可以先行一步，作为第一梯队。这些地区有条件有能力在 2025 年前后，也就是"十四五"末或"十五五"初率先基本实现农业农村现代化。第三梯队，像西部一些地区，如西藏、云南、甘肃等，根据我们研究的结果，到 2035 年要同步基本实现农业农村现代化的难度都很大。山东、广东、湖南、湖北等目前处于第二梯队，不是最好也不是最差。当然湖南长株潭的条件好一点，可以率先一点，走在前面一点，这也反映了发展的阶段性。

4. 加快推进现代农业强国建设。

从去年到今年我们一直在研究建设农业强国的问题，一直在向中央有关部门建议这个事情，也通过全国人大向中央有关部门建议。

2018 年中央一号文件对实施乡村振兴战略作了总体部署，提出加快实现由农业大国向农业强国转变，2018 年 9 月份总书记的讲话进一步强调要实现农业大国向农业强国跨越。湖南、黑龙江、吉林、河南、江西等也提出要建设农业强省。但是建设农业强国的问题并没有在中央文件中明确提出来。党的十九大报告提出加快建设制造强国、海洋强国、体育强国和人才强国 4 个强国，建设科技强国等 8 个强国，十九届五中全会也提出到 2035 年要建成文化强国、教育强国、人才强国和体育强国，"十四五"时期要加快建设科技强国和交通强国，建设制造强国、质量强国、网络强国、贸易强国、海洋强国和社会主义文化强国，但是没有提建设农业强国的问题，应该把建设农业强国纳入到国家强国战略的体系中。

到 2050 年要建成社会主义现代化强国，但农业不是强国，怎么可能，因为农业是国民经济的基础。习近平总书记强调，中国要强农业必须强，中国要建设现代化的强国一定要加快建设现代农业强国，一定要把农业强国的建设纳入到国家强国的战略体系，摆到一个更加重要的日程上来。

什么是农业强国？农业强国就是"四强一高"，即农业供给能力强，农业科技创新能力强，农业可持续发展能力强，农业竞争力强，综合反映出农业发展水平高，这应该是现代农业强国的重要标志。最近我们按照"四强一高"做了一个初步的测算,按照现有发展能力和条件,中国最有可能在2040年前后迈入农业强国的门槛,应该在2045年左右会建成现代农业强国。

推进现代农业强国建设,要采取分类推进的策略。首先要发挥典型区域的示范引领作用,二是突破重点产业发展瓶颈,包括突破现代种业、农机装备制造、智慧农业等重点产业关键核心技术,同时还要提高农民的素质。我们当初有一个建议,在全国建设一批现代农业强省强市强县,要把已经提出来的建设农业现代化示范区扩大它的范围,建设农业农村现代化示范区。把湖南省建设成为一个农业强省或者说农业农村现代化的强省,应该是有基础有条件的。

5. 持续增强乡村振兴的内生动力。

跟脱贫攻坚不一样,全面推进乡村振兴,关键就在要激发乡村振兴的内生活力,可以把它简单概括为党委要领导,政府要主导,农民要发挥主体作用。一是要发挥政府的主导作用,更要充分发挥农民的主体作用。加强党对乡村振兴、农业农村现代化工作的全面领导,这是一个前提条件。乡村振兴要发挥市场在资源配置中的决定性作用,但是政府起主导作用,这并不矛盾。要坚持农业农村优先发展,要加大对农业农村的投入,同时要发挥好农民的主体作用,把农民的积极性、创造性、主动性全面调动起来。不能像过去一样政府在干,农民在看,这肯定不行。全面推进乡村振兴的关键核心就是要全面深化农村改革,全面激活主体、要素跟市场,全力激发乡村振兴的内生活力,增强农村内生动力和发展能力,走内生型的乡村振兴之路。

乡村振兴一定要走内生型的乡村振兴之路,要全面激发乡村振兴的内生活力。一是要培育内生动力,要有这个动力。二是要有内生发展的能力。三是要能够形成一种良好的可持续的发展势头。当然这是我个人的一个想法,就是内生动力加内生发展的能力,加可持续的发展势头,是我对乡村振兴内生活力的解释。

要走内生型的乡村振兴之路,我们在成都郫都区做了一个研究,报告主标题就是走融合共享的内生型乡村振兴之路。怎么样来提高乡村振兴的内生活力,路径有很多,这里我想强调一点,就是一定要培育多领域、多层次、多形式的发展共同体。这种发展共同体主要分为两种类型,一是城乡发展共同体,因为城市跟乡村是一个有机的整体,是一种互补互促互利互融的关系。比如说当下城乡之间紧密型的医疗卫生共同体,城乡之间学校的共同体等等,这实际上就是城乡发展共同体。这种城乡发展共同体从分类上来看,主要集中在教育共同体、医疗卫生共同体、文化共同体、生态共同体、产业共同体上。二是乡村发展共同体，现在鼓励城市资本下乡，鼓励企业到农村去参与乡村振兴，现在各个地方都在发展公司＋合作社＋农户等各种形式。假如说不能够形成利益共同体、责任共同体的话，这种东西能够可持续吗？能够长久吗？假如说只有公司获利，农民不得利，农民能干吗？假如说只有农民获利，公司每天都在亏钱，公司能持久吗？他们又不是扶贫。一定要打造利益共同体，形成一条利益共享的利益链。

怎么样来推进发展共同体？有很多不同的模式。最近到浙江调研比较多，比如说浙江淳安下姜村发展起来了，下姜村把周边 17 个村联合起来，搞成了大下姜乡村振兴联合体，这个地方从习近平总书记当省委书记的时候，到后来的省委书记都把它作为一个点。大下姜乡村振兴联合体就是一个乡村发展共同体的模式，就是依托先发展起来的一个村庄带动周边的村庄实现共同富裕，来实现共同发展，形成一个利益共同体、责任共同体。

还有一种嘉兴的"飞地抱团"，因为一个村庄资源有限，不能每个村庄都搞那么多产业。通过村庄的整治，把多余的土地指标调到了县城，调到了开发区，调到了产业园区区位比较好的地方，异地发展一些有竞争力的产业项目。村庄入股分红，形成"飞地抱团"，这样既有利于项目的发展，又有利于村庄集体经济的发展，由此来带动农民的致富。我觉得"飞地抱团"的形式也是乡村发展共同体的一种模式。

［作者系湖南师范大学中国乡村振兴研究院专家委员、中国社会科学院农村发展研究所所长。本文系作者在《湖南乡村振兴报告（2021）》蓝皮书发布会上的演讲］

◎责任编辑：李珊珊

从建设城市的现代化到建设乡村的现代化
——新乡村建设实践的启示

⊙ 李小云

把今天城乡变化的现代化进程放在 100 年的时间跨度上来看，中国进入到了一个新的现代化的阶段。从清末以来开始进入现代化，从这个时候开始进入到了通过工业化和城市化，同时改造乡村来实现中华民族现代化的进程。现在不能说这个进程就结束了，但可以讲中国的现代化进程进入到了一个新的阶段。从乡村的角度来看，叫作进入到了一个建设乡村现代化阶段。

一、为何建设乡村

在过去的很长一段时间以建设城市为主从而改造乡村的现代化进程中，出现了经济价值，乡村人才、乡村财富流失的现象，也出现了乡村经济、社会、文化衰落的问题，就把这个现象统称为乡村的衰落。那么对于中国这样一个大国，特别是一个很长一段时间以农业、农村和农民为主体的这样一个大国来讲，按照传统的现代化路径，从某种意义上讲，乡村的衰落也是一个自然的过程。因为不可能在现代化的进程中依然保留一个庞大的乡村经济社会体系，所以乡村相对的衰落实际上是一个现代化过程中不可避免的阶段。但是，同时，从乡村的立场和城乡作为一个经济社会文化的整体而言，以建设城市和工业为主导的现代化则产生了一系列相对负面的结果。

二、基于城乡的现代化范式问题

清末民国以来针对乡村的现代化，有两个不同的范式，一个是用现代化改造乡村，一个是用传统社会文化复兴乡村。无论哪种范式，都不同程度把乡村看作是中国现代化的"病灶"，因此对乡村的改造也就成了早期中国现代化道路探索的主要范式。

今天讲建设乡村的现代化，则是把乡村看作是现代化的有机组成部分。如果说这个过程依然有"改造乡村"的含义，那既不是彻底"否定城市"也不是"否定乡村"，而是希望传统与现代有机衔接，即所谓的城乡融合。这一建设路径是对传统乡村建设实践和思想的继承和发展，所以我称之为"新乡村建设实践"。

三、新乡村建设的路径

基于现代化的乡村建设路径，既不是一个极端的乡村主义，也不是一个极端的城市主义，而是一个新乡村主义和新城市主义的结合，主要体现在两个方面：新型城镇化与逆城市化，这两者相互的结合实际上是中国现代化选择的最大的公约数。这个过程有哪些特点呢？

1. 农业步入了现代化的轨道。

首先看一下农业的发展，粮食总产的增加是在土地面积不断缩减的情况下产生的，所以粮食单产的水平是逐年提升的。灌溉面积、农业机械水平大幅度提升。华北平原、东北平原的小麦和玉米生产从播种到收获、收获到加工，机械化的水平提高到90%以上，就是说今天单从农业的技术来讲，中国无疑已经步入了农业现代化的轨道上。这应该和20世纪80年代、90年代是完全不一样的。农业科学技术对于农业发展的贡献率，也有了极大的提升，过去在80年代、90年代是30%到40%，现在到了60%以上。

2. 农村现代化的差距。

现在最大的问题，从某种意义上来讲还不是农业发展本身的问题，主要是农民问题和农村的问题。

对比一下2018年，中国和部分中等收入国家的情况，比较一下人均GDP差不多水平的国家，非农产业占 GDP 的比重都超过了 90%，这一点中国也一样。但是，大多数对比的国家的城镇人口都超过了 75%，中国的城镇人口 60%。也就是说与中等收入国家相比，中国的两个比值不协调，显示了农村的现代化水平相对偏低。

对比一下英国、日本，首先看一下传统的原发性工业化国家的代表英国。英国在 19 世纪末期已经实现了现代化，农业人口占比和农业 GDP 占比都低于 10%，而且在很长一段时间农业 GDP 和农业人口的占比都同步收敛。就是说农业就业人口的比重，农业 GDP 的占比之间的差距不大。

那么对比一下日本，日本是后发性的工业化国家，20 世纪 60 年代的时候城市化率 60% 多一点，和中国现在水平是差不多的。80 年代农业人口的比重低于 7%，GDP 的比重低于 3%。到现在为止，基本上农业 GDP 的比重也就是 1% 上下了，人口占比 3% 左右。

现在中国纯粹从事农业的人口约为 20% 到 25%，GDP 比重 8% 左右。中国的人口的比重和 GDP 的比重，人口的比重过大，说明什么？说明需要继续推动城市化，当然不是传统意义上的城市化，而是新型城市化。新型城镇化的意思主要是需要把农业劳动力从纯粹的农业行业中转移出来，因为，虽然中国农业的单产水平与发达国家相比还有差距，但是农业现代化更迫切的问题是农业劳动生产率太低，中国农业劳动生产率与美国相差将近 10 倍。

所以我认为农业发展的核心问题是农民问题，是农村问题，农民问题的核心是农业劳动生产率太低，种田不挣钱。农业人口滞留在土地、滞留在农业上的数量还是太高。这个问题在过去的城市化、工业化的推动下有了很大的缓解，但是还需继续推进，这是第一点。

第二是继续推进城市化需要转变发展范式推进新型城镇化，如果不转变，传统的城市化不可能吸纳所有的农业人口，如此多的农业人口回到农村去种地，中国的现代化实现不了。新型城镇化已经不是过去那种把所有的人口都转移到大城市去，从事低端性的、从事劳动密集的产业的模式。

第三是逆城市化，就是逆传统的城市化，发展"乡"和"村"，让乡和村成为新的经济社会空间，与城连为一体，成为人口经济和社会文化的新空间。我认为这是未来中国现代化的新路径。

关于农民的收入问题，城乡之间的收入差距问题，核心是农民。农民从事农业生产的收入太低，从事非农需要外出打工，资产收入又很低。主要的背景是乡村的经济结构。乡村的经济结构过于集中在农业，过于集中在低端的、低产值的产业上。

随着工业化和城市化的推进，乡村的经济价值和社会价值开始呈现稀缺性。最典型的现在很多人都想去乡村养老、旅游等。乡村旅游就是一个非常明显的能够带动乡村产业变迁的新的业态。很多人选择到乡村去居住，显示出乡村的社会价值的提升。城市里的小学生都不知道水稻、小麦是什么样，所以大家周末带着孩子到乡村去体验。所以乡村的价值已经不同于过去。乡村价值不同于过去，使得乡村的整个功能正在发生变化。乡村从过去单一地提供粮食的功能，变成了一个综合性经济社会的功能，正在成为新型城镇化和逆城市化的一个新业态产业的新空间。

根据英国的最新数据，2019 年的乡村产业结构，农林业只占到 3%，制造业甚至达到了 13%，20% 教育管理，16% 房地产。英国乡村和城市的统计和中国统计不太一样。我没有中国乡镇和乡村放在一起的数据。但观察发现大多数乡镇中心，除了具有一些简单的居住功能和行政服务功能以外，基本上没有完整的经济功能，和村庄基本是一样的。所以我讲的新型城镇化和逆城市化，在某种意义上讲，是将乡镇作为一个新经济和新社会空间的新开发地。

英国的城市居民收入，2017 年是 23700 多英镑年收入，农村是 23300 多英镑，平均收入差距就不是很大。除了伦敦大城市收入高以外，有些乡村的收入甚至高于城市平均收入水平，所以城乡收入的差距缩小甚至消失，实际上不仅仅是要依靠第二次分配和第三次分配，在很大程度上也要依靠第一次分配。所谓第一次分配就是我刚才讲的，产业、就业在乡村和城市之间的重新配置，这个是中国今天面对的一个新的格局，就是新型城镇化和逆城市化相结合的一种新的特征，是中国城乡融合、城乡转型的一个新的特征。

那么这样一个新的特征，呈现出了中国现代化进程的一些新的特征，因而把它叫作新转型阶段。所以在这样一个背景之下的乡村建设，就是一个新的乡村建设实践。

3. 建设现代化乡村的实验：云南实践案例。

我在云南展开的建设乡村现代化的实验，大概有十几个村庄，主要的思路就是要让现代城市的动能来激发乡村的潜能，实现要素的双向流动。

这个思路就是把建设乡村看作是城乡融合的微观实践，因为城乡融合不仅仅是战略和政策层面的工作，同时也必须体现在一个具体的过程中，那么把乡村建设作为一个抓手，作为一个平台，来实现让城市的动能进入到乡村，让城市的动能变成乡村振兴的动能，这样的话城市和乡村就会融合。

其中河边村实验，核心就是把乡村的资源，把乡村发展的动能，与城市的动能结合起来，经过 6 年多的建设，成为现在这样。如瑶族妈妈的客房，是嵌入式客房，主要是为了能够让城市的动能进来，各种会议，各种新的业态，自然教育都进来，这样就可以不断提升农民收入。农民收入提升是基于什么？不是基于大公司让他们去打工，农民就是主体，就是每户的主人，挣到的钱全部就进入到农户账户里去，而不是通过公司＋农户的形式，使农户受到了盘剥，这就是在第一次分配中提高农户收入的比例，来实现共同富裕，来实现乡村振兴的思路。村庄有比较现代化的设施，激发城市的动能，很多人都到那儿去休假，因为那里是西双版纳热带雨林，有幼儿园，有酒吧，有各种各样的设施。当然，不是所有的村庄都适合这个模式，但是很多的村庄其实都可以发展，这是一种小农现代化的路径，人不离村，发展多元生计，小农户可以对接市场，可以发展下去。

除此之外我和团队还在昆明市做了 6 个村庄的调研，通过闲置资产盘活，吸引城市动能进村。我们还在临沧、怒江和昭通做不同类型的乡村实验。当然，这些工作都还是在探索，难度都很大，遇到很多难以解决的问题。

从单纯建设城市到积极建设乡村的现代化进程是中国面临的一个新的发展阶段。这个阶段并不是说不发展城市，城市化还需要推动，但是需要开拓市场化的小空间，需要重新定义城市化。如果不推动新型城镇化，农业现代化很难实现，现代化进程也会受到影响。这是我从乡村振兴的角度，对中国现代化的一些实践和思考。

（作者系中国农业大学文科讲席教授，教育部社会科学委员会委员。本文系作者在"首届长江经济带·大湖论坛"上的主旨报告）

◎责任编辑：李珊珊

城镇化与乡村振兴如何协同发展

⊙ 姚洋

讲到乡村振兴，一定要和共同富裕结合起来谈——这两个都是最近中央提出的非常重要的大政方针。中国为什么在这样的节骨眼上提出乡村振兴、共同富裕？我个人觉得，是因为中国已经走过了温饱、小康阶段，现在面临的是结构性不平衡的问题——中国要实现共同富裕，最大的挑战，仍然是缩小城乡差距。

1. 想靠农业支撑农民增收，基本没可能。

中国的城乡差距到底有多大？如果从收入的角度来看，至今城市的人均收入仍然是乡村的将近 3 倍。这是一个非常大的收入差距，在全世界都非常少见。但是，城乡差距不仅仅是在收入方面，如果看一下社保、公共品的提供，城乡差距也非常大。我们在城市里觉得自然而然的那些公共品，在农村都是非常稀缺的。

还要看到，城乡的教育差距也非常非常大——全国的大学粗入学率已经达到 55%，且仍然在增长，但在农村地区，恐怕这个数字要低得多。现在讲中考分流，其实在城市里分流的学生并不多，主要的分流是在农村地区。这意味着农村的孩子有很大一部分——至少 40%，今后是没办法上大学或者上大学的机会很少，我们都期望他今后去做工人，这个差距会延续下去，而且会越拉越大。

乡村振兴，从这个角度去理解，会看得更透彻一些。提到乡村振兴，一般立马就想到，要把农业搞上去，好像不把农业搞上去，乡村就无法振兴。另一方面，我们总觉得，农业是基础，要多生产粮食，所以乡村振兴第一任务就是把农业搞上去。但作为一个发展经济学家，我可以负责任地告诉大家，没有一个国家（除非是土地极其丰富的国家）能够靠农业支撑乡村的发展。即使像美国那样——土地非常非常多，农场非常非常大，美国的农民收入仍然赶不上城市居民的收入，差距也还是非常非常大。

中国农村，一个农场的规模大概是 8 ~ 10 亩地，根本不可能支撑一个家庭的正常生活，如果单靠这 8 ~ 10 亩地，恐怕永远赶不上城市的收入。事实上，至少在 2015 年以前，农民的平均收入有一半以上来自非农；到今天，我估计绝大多数地方农民 80% 以上收入来自非农。

农业占国民经济收入的份额下降，这是一个铁的规律。中国农业增加值占 GDP 的比重，已经降到 8% 以下，仍然在下降，发达国家可能只有 2% ~ 3% 这样的水平。所以，想靠农业支撑我们 30% ~ 40% 人口的收入增长，基本上是没有可能性的。

在这种情况下，怎么振兴乡村？其实没有别的办法，只能增加非农就业、增加比较高质量的非农就业。

如果大家去农村看一看，或者农村有亲戚，你问问他们的就业，很多都是很低质量的零星就业，特别是在建筑工地上打零工，这大概是一个常态。所谓较高质量的就业，就是比较稳定的拿工资的就业，可以比较有保障的风雨无阻的就业。

2. 以县城为核心的工业化。

如果关注"十四五"规划会发现，城市化有了新的定义。以前我们说城市化，不用"城市化"，而是用"城镇化"，别看这一字之差，差距非常大——"城市化"意味着政策上承认了大城市、大城市区域的合理性，这是我们未来的一个方向。我估计，未来全国人口恐怕会集中到少数的城市化区域——以国家公布的 9 个所谓的"国家中心城市"为核心组成的 7 个城市化区域，这是一个大趋势。

但是，我国城市化也出现了一些新特点：过去，是跳跃式的城市化——中西部农村人口直接转移到一二线城市，做流水线上的工人；但从 2014 年开始，这种趋势发生了改变，这样的人口流动基本上停下来了。过去一段时间，还有未来很长一段时间，我们的城市化模式会做一个非常大的调整——城市化不再是跳跃式，而是梯度式。一方面，人口继续向这些大城市区域集中；但另一方面，农村人口恐怕更多地要就地城市化。所以"十四五"规划提出，县域经济大有所为。

3. 怎么发展县域经济？

以前我们发展县域经济，是村村冒烟、搞乡镇企业，这个贡献很大，但这个时代已经一去不复返了，未来一定是发展以县城为核心的工业化。现在我们已经看到，县城里开始发展工业、发展第三产业，县城的规模越来越大，一部分农村居民转移、住到县城，还有一部分人留在乡村，但他的工作主要是在县城——因为现在交通条件大大改善，很多农村居民也有了小轿车，当然摩托车早就普及了；还有一些人在村里有房子，在县城里也有房子，我想这都可能发生。

中国已经进入了一个去工业化的阶段——无论从就业来看还是从增加值来看，工业占比都在下降。所以，"十四五"规划提出，要把工业增加值大体上稳定在占GDP 的 28% 左右。其实这是非常难实现的一个目标。因为工业的技术进步很快，劳动力的相对价格上升，就挤出劳动力，劳动力就到了服务业。

总体而言，我国的工业化高峰已经过去，但并不意味着我们的乡村地区、县域那一级没有工业化的可能性。我们老说南北差距越拉越大，但我看过一些数据发现，至少是在过去十几年间，主要的南北差距就差在北方的去工业化速度远远高于南方地区。原来北方工业占比高于南方，现在北方的工业占比低于南方。为什么会出现这种情况？南方也在去工业化，我估计最重要的因素就是，南方的县域经济发达、南方很多县在工业化——我们在沿海地区看不到的产业，转移到了中西部地区的南方县城里，这个是非常重要的。

我老家是江西一个各方面非常平均的县，在过去十几年间，县城发展飞速，主要是因为沿海转进去的两个产业：一个是箱包，一个是灯具。那个县从 2010 年开始工业化，而且都是劳动力密集型产业——我们总觉得劳动密集型产业要从中国消失，实际上不是这样，在中西部农村地区大有可为，而且这就是农村居民一个比较高质量的工作。可能城里人都看不上这样的工作，但试想农村地区 40 多岁的妇女，很大一部分都当奶奶了，且没有工作，如果农村有工厂，她就可以进厂了，一个月赚五六千块钱，这在农村地区是非常高的收入，对提升她家庭地位也极其有好处。

所以，不要一听高质量发展，就好像要把所有的劳动密集型工业全部转出去，如果中国还能够有这样的空间，为什么不让这样的产业留在我们这里？

乡村振兴的核心，是要为农村居民提供非农就业机会，这样的非农就业机会质量，远远高于他们在农业里的就业；只有我们把乡村经济，特别是以县城为中心的县域经济搞上去了，乡村振兴才有希望。

（作者系北京大学国家发展研究院院长。本文系作者在 2021 中国益公司责任力年度论坛上的演讲）

◎责任编辑：李珊珊

乡村治理的根本取向、核心议题和基本路径

⊙ 王浦劬

乡愁中国和乡村振兴是一个宏大命题、一个历史命题，也是一个进入全面建设社会主义现代化国家新征程的重大命题。我国乡村治理的根本取向究竟是什么？当前乡村治理的核心议题有哪些？如何认识我国乡村治理的根本取向？概括起来，从战略导向和问题导向来看，我国的乡村治理必须以现代化为根本取向。

2013 年党的十八届三中全会提出国家治理现代化的总目标和总命题，这一命题是从全面深化改革总目标意义上提出的。十九大进一步明确提出要实现国家治理的现代化，十九届四中全会通过的《决定》，不仅在全面深化改革的意义上提出，而且在国家总体发展战略的意义上提出国家治理现代化。也就是说，国家治理体系和治理能力的现代化，不仅是四个全面当中的全面深化改革，而且是国家的总体发展战略。

当前，我国的脱贫攻坚取得全面胜利，中央适时提出乡村振兴战略。乡村振兴包含多方面内容，从国家战略层面来看，是乡村发展和乡村治理的有机统一，是乡村组织、制度、文化的传承和创新的有机结合。因此，乡村经济、社会的发展和乡村社会的治理，乡村组织、制度、文化的传承与创新，构成了乡村振兴多方面的辩证关系。习近平总书记指出，要实现乡村产业、人才、文化、生态、组织的全面振兴。这种振兴应该是发展与治理的有机结合，是传承与创新的有机结合。在这当中，发展是根本，治理是关键。有效的乡村治理，会有力促进乡村发展和振兴，有效地传承乡村优秀文化，并且在现代化进程中创造出新的乡村文化，赋予乡愁以现代化取向的新内涵。

因此，从国家战略来讲，乡村振兴和乡村治理的总体导向，是现

代化的导向。在社会主义现代化建设的第二个百年，在全面建设社会主义现代化国家历史阶段，实施乡村振兴战略，应该更加明确其中国式现代化取向。这就是说，我们的乡村振兴和治理，不是要回到自然经济形态下的小农经济，而是应该在坚持中国特色社会主义、坚持社会主义市场经济发展的方向上推进和发展。在现代化发展意义上留住乡愁、弘扬乡愁、创新乡愁，构建现代文明的新形态。由此可见，乡村治理现代化，是乡村振兴的需要，也是中国式农业现代化发展的趋势。

同时，我国乡村治理发展也来自于现代化建设和发展的实践需求。经过 40 多年的改革开放，我国乡村状况发生了巨大变化。这种变化主要体现在三个方面。

其一，农村社会结构正在急剧变动。乡村人口的年龄结构、性别结构、城乡的身份结构都产生了很大变化，农村出现了空心化和人口的老龄化。乡村土地和人、生产要素与人的结合方式，以及由此产生的社会结构和职业结构发生了很大变化。这些变化对乡村治理提出了新的要求，以村庄作为治理单元的传统组织，正面临着结构性重组的冲击。其二，农村治理体系受到新的挑战。改革开放以来，农村不断地开放、改革，治理体系也在不断地提升和优化。同时，农村的流动性正在加大。原有的乡村社会熟人关系和基于熟人社会的治理规则受到强烈冲击。传统的治理主体、制度体系和流程技术，难以适应乡村结构性变化的新情况。其三，农民思想观念发生显著变化。改革开放以后，特别是在市场经济和人口流动的条件下，社会的主要矛盾发生变化，农民的传统观念正在为新的、现代的、开放的观念所代替。市场的平等、自主和契约观念逐渐取代传统的乡土意识和乡土观念，新的市场伦理逐步取代传统的伦理。面对这种情况，乡村治理的思想、意识和心理，或者换言之，乡村治理的社会资本的更新和建设，已经成为乡村振兴和乡村治理的重要命题，而乡村治理的现代化，则是这一命题的取向答案。

由此可见，我国乡村治理现代化的取向，一方面产生于国家战略和政策导向，另一方面形成于改革开放 40 多年来乡村社会结构、治理体系和社会资本变化的现实需求。

新中国成立以来，尤其是改革开放以来，我国的乡村治理现代化已经取得了相当成就。在特定意义上可以讲，没有乡村治理制度的变革，就谈不到乡村治理能力的变革；没有乡村治理制度和能力的变革，就谈不到乡村的改革发展；没有乡村的改革发展，就谈不到乡村振兴甚至中华民族的伟大复兴。因此，乡村治理现代化取向的改革和发展，对于中国社会发展和中国式现代化具有决定性和基础性的作用。在乡村振兴和乡村发展中，可以用乡村治理现代化作为标尺来衡量，当然，乡村治理和乡村振兴也可以采用其他多方面指标来衡量，不过，乡村治理现代化应该是所有指标中的基础性指标。

面对新阶段新形势，在现代化发展取向上，我国的乡村治理面临如下核心议题。

第一，组织建设问题。中国式现代化是中国共产党领导人民进行的中华民族的伟大复兴事业，是中国特色社会主义建设和发展事业。在其中，党的领导是中国特色社会主义的最本质特征，是中国特色社会主义制度的最大优势。从这个意义上讲，要进行乡村治理的现代化，推进中国式的乡村治理现代化建设，首要的问题也是核心问题是乡村基层党组织建设问题。十八大以来，基层党组织建设得到进一步的重视，十九大以来，党的基层组织建设得到进一步加强。但是，也应该看到，当前乡村基层党组织建设，在某些地方和某些方面，还存在着弱化、虚化和边缘化的问题。如何提升乡村基层党组织的政治领导力、组织力和治理能力，是进行乡村治理现代化的第一个问题。

第二，制度建设问题。从十八届三中全会到十九届四中全会，国家治理现代化战略命题包括"两个现代化"，一个是治理体系现代化，一个是治理能力现代化。对于乡村来讲，治理体系现代化，就是乡村治理制度建设和完善问题，它与乡村治理能力现代化之间相辅相成。不过，国家治理能力，实际讲的是国家治理体系和制度的执行能力，它不是孤立的能力，也不仅仅是治理主体的素质测量，实际是治理主体对于国家治理制度的执行力。因此，乡村治理的现代化，根本上是治理体系的现代化，是乡村治理制度执行力建设问题。

那么，如何适应乡村振兴战略，立足于发展与治理的有效结合来进行乡村制度建设，这是乡村治理现代化发展中要思考的突出问题。经过 40 多年改革开放，虽然乡村经历了长期的制度改革，其中很多制度改革甚至构成了中国改革的起点和基础，但是，我们仍然可以看到，要适应社会主义现代化建设和社会主义市场经济发展，我国的乡村仍然存在着大量需要进一步深化改革和完善的制度。比如说，农村的土地所有制与市场经济机制的兼容问题；村民自治制度怎样实现全过程民主的问题；城乡二元的户籍制度怎样更加深化改革的问题；乡镇级政权组织和村级自治组织怎样有效对接的问题；乡村党组织总揽全局、协调各方的制度，与乡村其他治理主体之间联系和互动的机制如何优化的问题，都是制度建设的问题。

第三，乡村文化建设问题。传统的中国农民是个体农民。建国以后，国家主要是通过土地所有制的改革和集体化，实现了农村经营组织和制度改革，把农民组织起来。在其中，首先是人民公社制度的实行。改革开放以后，实行村民自治，农民进入到自治组织当中，以自治组织的方式，把农民组织起来。在市场经济条件下，农民作为市场经营主体，其个人权利意识得到增强，公共意识相对淡漠。面对我国农民思想意识急剧变化以及由此带来的行为变化，乡村公共治理和社会矛盾的化解、公共物品和公共服务供给机制和方式的改革优化，是需要关注和解决的重要问题。

第四，利益分配和共同富裕问题。 乡村实现全面小康的背景下，需要积极推进共同富裕。共同富裕是中国式现代化的建设目标，是社会主义的本质特征，是乡村发展和乡村治理的核心命题。共同富裕必须建立在富裕的基础上，当前，实现农民脱贫以后，更加需要大力发展生产力，提升发展质量。与此同时，如何立足于乡村振兴，通过三次分配机制，实现乡村共同富裕，需要乡村治理的制度设计和创新。这就对乡村治理的利益分配机制提出了更高要求。

面对这些议题，乡村治理应该采取什么路径？

第一，在乡村振兴中加强和优化党的领导。 在乡村振兴和乡村治理中，需要进一步加强党的全面领导，优化党的组织建设，提升党的政治建设和纪律建设。在乡村振兴和治理的总体格局中强化和优化党的领导，要在党的集中统一领导下，构建多方协调共治共享治理格局和机制。

第二，在新阶段推进和完善乡村自治。 在新时代新阶段推进和完善乡村自治，需要在党的领导下，完善和深化村民自治体系，将村民自治与党和政府对于乡村的有效治理有机结合起来。乡村振兴实现乡村的高质量发展，乡村自治也要在高质量发展中实现高质量的治理。

实现高质量的治理，要强化法治保障。将国家的乡村振兴战略转化为乡村治理效能，尤其要通过法治的途径；通过法律制度有效实施，将乡村治理纳入社会主义法治国家建设的总体战略，使得乡村治理法治化、制度化和规范化。

实现高质量的治理，也要提升乡村的德治水平。这就包括：发挥道德引领作用；发掘传统文化中的优秀要素；培养趋向于现代新的乡风；提升村民的道德素养，健全道德奖惩机制等，使得现代道德规范能够得到有效实施，不良风气能够得到有效遏制；进一步调整和完善农村治理制度，优化公共治理和公共服务机制；构建进一步促进现代农业发展的分配制度和机制，实现城乡人民共同富裕。

总体来讲，在新时代新阶段，在党的领导下，乡村治理要走中国特色的乡村善治之路。"三治融合"体现的是党的领导、人民当家作主和依法治国在乡村治理中的"三统一"，以此来建设我们美丽、和谐、富裕的新乡村。

（作者系北京大学国家治理研究院院长。本文系作者在 2021 "乡愁中国·大理论坛"的主旨演讲）

◎责任编辑：李珊珊

热点问题：共同富裕

农民农村共富是实现共同富裕目标的关键

⊙ 尹成杰

当前，我国已经进入新时代新阶段的发展，要实现第二个百年奋斗目标，推动共同富裕是一项极其重要的任务。中央提出"扎实推动共同富裕"恰逢其时，具有坚实基础和有利条件。

一、推动共同富裕具有坚实基础和有利条件

改革开放尤其是十八大以来，我国经济社会发展取得的重大成就为我们推动共同富裕、推动乡村共富奠定了坚实有力的物质基础。一是党的十八大以来，我国的经济实力、科技实力和综合国力这"三力"跃上一个大的台阶。2020年国内生产总值突破100万亿，人均GDP已经达到了122189元，农村居民的可支配收入也大幅提高，达到了17131元，全国居民的人均可支配收入达到了32189元，这是非常坚实的基础。二是脱贫攻坚取得全胜。原来的834个贫困县全部摘帽，12万多个贫困村出列，1亿多贫困人口脱贫。三是全面建成了小康社会。中华民族伟大复兴的任务又向前迈出了一大步。四是我国乡村振兴战略的实施取得积极进展。按照"三步走"的战略，乡村振兴第一步战略目标是建立制度和政策的基本框架，这个目标已经实现。特别是农业农村现代化的水平进一步提高，粮食的综合生产能力提高，实现了"十八连丰"。今年也创历史新高，连续7年粮食的总产量稳定在13000亿斤以上。农民收入的增长"十八连快"，城乡收入比缩小到2.56比1，特别是2020年农村

居民的人均收入比 2010 年翻一番还多，农业在农村的压舱石作用进一步增强。五是生态环境建设取得重大成就。尤其农村实行的乡村建设治理行动，生产和生活环境明显改善，建设美丽乡村、和谐乡村取得积极进展。六是我国人民生活水平显著提高。已经建成世界上规模最大的社会保障体系，基本医疗保险的覆盖面超过 13 亿人，基本养老保险的覆盖面超过 11 亿人，恩格尔系数由 2010 年的 39.7% 下降到 2020 年的 30.2%。七是文化产业不断繁荣发展。八是我国已经形成了世界上人口最多的中等收入群体。九是全面深化改革取得重大突破，全面依法治国取得重大进展，中国特色社会主义制度的优势进一步彰显。

二、推进乡村全面振兴是推动共同富裕的基础

习近平总书记指出，中国要富，农民必须富。总书记的重要论述深刻指明了乡村振兴对于建设美丽富强的国家、实现中华民族伟大复兴、推进共同富裕的重要性。党中央提出的乡村振兴战略总要求，5 句话 20 个字，最后一句还是落在"生活富裕"上，这是乡村振兴的总目标。实现了乡村的共同富裕，全体农民的共同富裕，才能够真正实现全体人民共同富裕。所以推动乡村共同富裕对于实现全体人民共同富裕具有基础性和决定性的作用。

今年的中央经济工作会议特别强调，要稳字当头，稳中求进，所以要稳步推进"三农"工作，特别要正确认识初级农产品的供给保障问题。中央经济工作会议指出，要提高农业的综合生产能力，而且强调要放在更加突出的位置，这个部署和要求比以往来说，力度进一步加大。在强调保障生产能力的同时，突出强调要保障种粮农民的合理收入，这是一个重要的政策导向：要让农民增加收入，特别是要让种粮的农民增收致富。当前，推进乡村和农民的共同富裕很重要的一个方面要解决农民的收入问题，特别是要提高种粮农民的收入，所以中央经济工作会议对这个问题做出了部署。

为什么如此强调推进农民和农村的共同富裕？

一是只有推动农民农村的共同富裕，才能够稳住农业的基本盘。所以强调稳字当头，稳中有进，稳住农业的基本盘是基础，才能稳住广大农村这一战略后院，才能够提高农业的综合生产能力，才能够进一步巩固和发挥压舱石的作用。

二是只有推动农民和农村的共同富裕，才能够扩大农村的消费需求。农业农村的消费需求规模大、体量大，所以要增加农民收入，使农民富裕起来，才能释

放农村的消费需求，从而促进国内国际双循环的新格局的形成。

三是只有推动农业农村的共同富裕，才能够逐步缩小城乡发展差距，从根本上解决农业和农村的发展不充分、不平衡的问题。当前最大的一个问题就是农业和农村发展不平衡、不充分，所以只有推动农业农村的共同富裕，才能从根本上缩小差距，加快发展。

三、推动乡村共富是推动共同富裕的重点和关键

习近平总书记指出，全面实施乡村振兴战略的深度、广度、难度都不亚于脱贫攻坚。实施全面乡村振兴，遇到的一个突出问题就是怎样缩小差距，提高收入水平，推进共同富裕。在这个问题上，面临的深度和广度和难度也不亚于脱贫攻坚。

一是农业和农村仍然是发展最不充分、最不平衡的领域和地区。解决这个问题的任务还相当艰巨，特别体现在城乡居民的收入水平上面。这些年加大宏观调控的力度，采取了有效措施，收入差距逐渐在缩小，但是发展的差距还是很大。

二是城乡的发展差距仍较大，特别是农业和农村发展的短板和弱项，还需加大力度解决。比如2020年，全国城乡居民的人均可支配收入是32189元，但是农村居民的收入和城市居民的收入的绝对差距还有26703元。如果要达到现在浙江省城乡居民收入的倍差1.69比1这个全国最小的倍差来看，还要付出相当大的努力，还要用较长的时间。

三是脱贫地区和非脱贫地区的发展差距仍然较大。脱贫地区的一个主要问题是乡村产业发展滞后，集体经济薄弱，增收致富的内生动力不足。所以解决内生动力的问题，需要下大功夫，经过一段时间才能够使贫困地区的产业和集体经济发展起来，才能够形成增收致富的内生动力。

四是粮食主产区和粮食主销区农村居民收入的差距比较大。中央经济工作会议提出，要保证种粮农民的合理收入，这是针对现实情况提出来的。我国有13个粮食主产区，粮食主产区的农村居民收入水平是17246元，要低于全国的农村居民收入平均水平。特别是一些产粮大县财政小县的状况依然没有从根本上得到解决。2020年粮食主产区农村居民收入水平排在全国前10位的只有4个省，江苏是第5位，辽宁第9位，山东第8位，江西第10位，也就是说粮食主产区的农村居民人均收入水平进到前10的名次也比较靠后，像黑龙江、河南、吉林、四川这样的产粮大省的农村居民收入水平在全国的排位都在20位以后，这就说明促进农村

的共同富裕来解决粮食主产区农民的增收致富问题是个重点。

五是农村人口老龄化趋势不断加快。因为农村走出去 2.9 亿人口多半是青壮年劳动力，现在农村还有 5.1 亿人口，这些人多半都是老龄人口，规模较大，就业和致富的能力比较弱。

鉴于以上原因，应该在新发展理念指导下大力推进乡村振兴，把农民和乡村的共同富裕问题作为一个重点和关键，摆在国家推进共同富裕的重要的位置。

四、推动乡村共同富裕重大举措的建议

大力推进乡村共同富裕，要以党的十八大、十九大精神为指导，坚持以人民为中心的思想，以全面推进乡村振兴为总抓手，大力实施乡村建设行动，推进城乡融合发展，促进农民持续增收，来建立健全农民和农村共同富裕的机制，为推动全国农民共同富裕奠定坚实的基础。

一是要继续加大力度地促进巩固拓展脱贫攻坚成果与乡村振兴的有效衔接。这是推动乡村共同富裕的前提，要继续巩固拓展脱贫攻坚成果，防止发生规模性的返贫现象。贫困地区要接续推进乡村振兴切实转入乡村振兴的轨道，要全面落实五年过渡期的政策。特别是要抓好脱贫地区的产业培育和成长，以产业来巩固成果，以产业来拓展成果，以产业来做好有效衔接。

二是要加快推进县域城乡融合发展。这是乡村共同富裕的巨大动力。推进以人为核心的新型城镇化，把县域作为城乡融合的重要切入点，要以城乡融合、县域融合来带动农村的一二三产业融合，引导和激活城市资源向农村流动，提高乡村建设行动资源要素的供给保障。特别是要把县域乡村的产业体系构建起来，农业农村部推动了农业产业强镇、商贸型小镇、"农"字号小镇的发展和建设，来带动产业发展；实行了"五区四园"政策，特别是大力推进现代农业产业园、科技园、示范园、加工园的建设，来吸引各类产业向园区聚集，发展城乡融合的产业。

三是要促进农民持续增收。从我国农民收入水平的构成上看，工资性收入占的比重较大，为 40.7%，而家庭经营性收入占比 32% 左右，有弱化的迹象。财产性的收入还比较弱，仅占 2.4%。财政转移性收入占 21.5%，所以要促进农民持续增收，要在两个环节上发力：一是家庭经营性收入需要进一步提高，二是财政转移性收入应该加大。现在美国和欧洲的一些国家，农民增收财政转移支付都在 60%以上，我们还有很大空间。另外，要进一步促进农民工的高质量就业，增加收入。

四是要加快构建现代乡村产业体系。特别要注重发展现代乡村产业，把小品种发展成大产业。要发挥"名、优、特"的小品种优势，做成乡村发展的大产业。同时，要开发农村的文化旅游、生态康养、休闲等产业，形成产业集群。习近平总书记高度重视把小品种发展成大产业，近几年到各地视察，反复强调这个问题。比如2020年在陕西的一个木耳基地考察时提出，小木耳大产业可以在脱贫攻坚中发挥重要作用。2020年在山西考察时强调，要注重发展特色农业产业，特别是要发展小品种大产业。我国农业的物种资源和品种资源极其丰富，许多优良的小品种，都可以被打造成大产业。

五是要大力加强农村科技人才队伍建设。现在乡村振兴推进农民和乡村共同富裕，一是缺资金，二是缺人才，要把这两大问题解决好。

六是要大力加强农村社会主义精神文明建设。这是实现农村物质富裕和精神富裕的有利条件，既要提高物质财富，又要提高精神财富，要加强农村社会主义精神文明建设。

七是要进一步加强强农惠农富农政策的制定和创设。加大政策的扶持力度，特别是要强化农民、农村优先发展投入的保障。中央预算内投资进一步向农业和农村倾斜，同时要发挥财政资金的引领作用，要深化农村的金融改革，运用金融工具来支持乡村振兴和农民增收致富。

八是要切实加强党对推动农村共同富裕的领导。这是实现农业农村共同富裕的根本保障。

［作者系十一届全国人大农业与农村委员会副主任委员、农业部原副部长。本文根据作者在"中国农村发展高层论坛（2021）——聚焦农民农村共同富裕"上的主题演讲录音整理而成］

◎责任编辑：李珺

以共同富裕为导向推动乡村产业振兴

⊙ 姜长云

乡村振兴关键是产业要振兴，产业振兴是乡村振兴的重中之重。习近平总书记指出："促进共同富裕，最艰巨最繁重的任务仍然在农村。"那么在乡村产业发展中怎样坚持以推动共同富裕为导向？需要说明的是，乡村产业振兴不但是农业农村经济发展的问题，也是激发乡村多种功能价值的凝聚核。在一个没有乡村产业的地方，乡村很容易萧条和衰败。乡村产业发展得好，激发乡村生活、生态、文化等多种功能价值，就容易找到依托。乡村生产、生活、生态、文化等功能联动提升，有利于增强乡村产业发展的可持续性。乡村产业要能持续发展好，关键是要有特色、有魅力、有活力，还要有包容性。增强乡村产业发展的包容性，实际上有利于实现共同富裕。现在推进乡村振兴关键是激活乡村人气、增强乡村活力。这也有利于带动城市人口、人才下乡，提升乡村消费需求。

一、以共同富裕为导向看当前乡村产业发展面临的主要问题

一是将农业及其关联产业发展排斥在乡村产业发展之外，盲目要求农业退出乡村，乡村向城镇看齐。有些地方甚至将农业农村现代化简单等同于农村现代化，只重视美丽乡村建设，不重视现代农业建设。大量耕地撂荒，或被交通道路、厂房、公用设施替代，农业越来越单一化，陷入次要甚至"鸡肋"地位，农业生物多样性下降，农耕文化传承功能下降。少数发达地区出现这种情况后，到底是振兴了乡村，还是消灭了乡村？有一些地方过度推动农业从"台前"转向"幕后"，农户与发展现代农业脱轨，乡村越来越缺乏乡土味、农耕情，丧失特色和神韵。有些地方盲目追求农民集中上楼，倒逼农民退出农业，甚至过快追求农民

向城镇集中，导致发展庭院经济等乡土非正规产业缺乏支撑。

在推进乡村产业振兴的过程中，为什么要强调农业的重要性？因为对多数农户来说，农业就业亲和力比较强，就业门槛比较低。如果不顾当地实际，盲目追求农业退出乡村，过快追求乡村城市化，不仅容易加快农户消费的商品化，影响农民就业增收机会和生活品质，也可能导致乡村多种功能价值的消失。

二是片面追求扩大农业或乡村产业组织规模，抬高农民参与乡村产业发展的门槛。从长期来看，我国农业土地规模经营与服务规模经营应该竞争发展、优势互补。但是，在许多地方，过度追求农业土地规模经营，推动工商资本大规模连片集中土地，拉高土地流转成本，增加农业风险，推动小农户过快退出农业。这导致农户非农就业创业能力的成长慢于退出农业的进程，影响乡村振兴。

还有很多地方乡村产业的发展，片面追求企业化、专业化、规模化。当然企业化、专业化、规模化是大势所趋，但不能拔苗助长，更不能把"持久战"转变为"突击战"。否则，可能妨碍乡村特色资源开发和综合利用率的提高，容易导致小微企业、非正规市场组织发展乡村产业的路径不畅。在许多乡村产业中，市场主体不一定完全是企业，有些属于非企业化的组织形态。片面追求乡村产业发展的规模化、专业化、企业化，将限制乡村经济多元化、综合化发展，导致乡土手工艺品、乡土风味食品等开发和乡村手工作坊等发展受到限制，妨碍乡村产业利用小众市场、长尾市场促进增收就业。

三是片面追求行业规模扩张和数量增长，加剧部分乡村产业同质竞争和产能过剩问题。比如从2000年到2019年，我国茶叶和水果产量分别年均递增7.7%和8.1%，人均茶叶产量从0.54公斤增加到1.97公斤，人均水果产量从49.13公斤增加到194.33公斤。许多传统乡村产业增长太快太猛，但市场拓展升级能力跟不上，容易导致产能过剩问题。许多特色农业和乡村产业片面追求规模扩张和数量增长，导致无效供给增加、同质竞争加剧、质量效益下降、大而不强问题凸显，加剧特色农业和乡村产业发展中的风险。许多乡村产业和特色农业甚至由适宜区向次适宜区盲目扩张，导致总体品质下降、品质分化和竞争力弱化。与此相关的是，许多地方乡村产业发展的"盆景"难以有效转化为"风景"，影响农民持续就业增收。

四是营商环境和基础设施、公共服务供给亟待改善，龙头企业及其辐射带动力亟待提升。有些地方乡村企业布局分散，基础设施和公共服务环境比较差，加大运行成本和发展风险，妨碍人才、优质要素进入乡村产业，也影响市场渠道的开拓和价值链升级。很多农业产业化龙头企业，招工难、招技术工人更难，工资侵蚀利润，创新能力很弱，实际上都跟营商环境和基础设施、公共服务较差有关。

五是乡村产业支持政策的针对性和有效性不足，优化市场调控仍需不懈努力。近年来，支持乡村产业发展的政策很多，但政策见效往往需要经历一个过程。要防止政策急刹车猛给油或因政策"合成谬误"，加大经济运行环境的波动。此外，政策支持过分追求龙头企业等微观组织做大做强，对鼓励龙头企业带动市场主体提升产业链供应链现代化水平、带动农民共同富裕重视不够，也是一个突出问题。对支持乡村小微企业、庭院经济、手工作坊等乡村非正规组织发展乡土特色经济重视不够，对电商平台的压级压价行为缺少有效的制衡机制，影响乡村产业组织推进品种培优、品质提升、品牌打造和标准化生产的积极性。至于龙头企业利益连接机制不健全，影响对农民就业增收带动能力的发挥，也是一个突出问题。其至很多地方在考虑龙头企业对农户的利益连接机制时，过分追求同农户利益连接的紧密性和稳定性，导致对农户就业增收的实际带动面有限。少数地方只注意给农民发钱，不注意带动农民提升就业增收能力。此外，数字经济与乡村产业发展融合已经成为一个趋势，但数字经济等新业态往往存在"赢者通吃"的问题，容易导致少数人迅速获益，多数人被迫买单，这个问题怎么解决？今后在发展乡村产业带动农民共同富裕的过程中，对此都应引起足够重视。

二、以促进农民农村共同富裕为导向，促进乡村产业高质量发展

一是要高度重视农业在经济发展和乡村振兴中的功能作用，采取有效措施促进农业农村经济多元化、综合化和融合化。农业农村现代化之根是农业现代化，之本是农民生活品质现代化，之魂是农村居民素质和人口结构的现代化。推进农业农村现代化要注意抓"根"守"本"留"魂"。今后的农村居民不一定非要在农村从事农业，也可以选择在农村生活、到城市工作。

二是顺应消费结构升级和消费需求分化趋势，注意推进乡村产业适地适度发展和因地制宜、精准施策。今后，随着城乡居民收入和消费水平的提高，消费结构升级和消费需求分化将日益走上优质化、个性化、多样化、绿色化、服务化道路，一些面向小众市场、细分市场、个性化市场的产品供给，将日益受到青睐。要注意引导乡村产业发展顺应这种趋势，做好适地适度发展的文章，在适应市场、面向需求的同时，增强创新供给，引领和凝聚需求，激发潜在需求的能力。

三是引导不同类型产业组织公平竞争，优势互补，将鼓励领航企业、新型经营主体增强引导带动作用，同加强对小微企业等乡土特色经济的支持结合起来。促进领航企业、龙头企业、新型经营主体做大做强固然重要，增强其对一般企业甚至小

微企业、乡村非正规市场组织的引领带动能力更为关键。最近几年关于发展"地摊经济"的问题备受关注。我们认为，重视发展"地摊经济"，归根到底不是鼓励大家"摆地摊"，而是要注意怎样用发展"地摊经济"的思维来创新产业政策和监管方式，增强乡村产业的亲民性，让乡村产业发展更好地增强"烟火气""接地气"，让乡村农民有更多就业增收机会。比如一些乡镇民宿，完善消防、卫生、安全标准等是必要的，但有些地方以城市宾馆标准来要求乡村民宿，这样是否有必要？这实际上增加了乡村产业发展的风险，许多地方乡村产业违规经营普遍化与此有关。如果我们创新方式，采取一些简便易行又切实有效的标准来规制乡村产业发展，用"跳跳脚就能够得到"的标准来监管乡村产业发展，既不会影响正常的消防、卫生、安全保障，又会推进乡村产业发展，更能有效带动农民就业增收和共同富裕。有些乡村手工作坊、庭院经济等类似"地摊经济"的存在，看起来小、散、杂，也谈不上美，但"烟火气"强，有利于乡村多元价值的开发。在当前经济下行压力较大的背景下，推进乡村产业振兴尤应引起重视。实际上，除政府救济等帮扶措施外，"地摊经济"往往是低收入者最后的饭碗，也是其实现自立自尊自强的底气所在。

四是强化产业发展的底线思维，推动乡村产业发展更好地带动农民共同富裕。有人说乡村产业发展要以实现粮食安全为主线，我认为这是重大误判。客观地说，维护粮食安全是推进乡村产业发展的底线要求，乡村产业发展应以不损害粮食安全保障能力为前提；但乡村产业发展绝对不能按照"以实现粮食安全为主线"的路子走，因为推进乡村产业发展的许多工作未必与粮食安全有直接关系，盲目要求乡村产业发展"以实现粮食安全为主线"，很有可能误导乡村产业发展。这丝毫没有否认粮食安全的重要性，正如"术业有专攻"一样，不能什么事都要以实现粮食安全为主线，否则是有问题的。另外，乡村产业发展还要坚守防范规模性返贫的底线，因此要注意乡村产业发展风险的防范。

以推进农村农民共同富裕为导向促进乡村产业发展，要注意完善利益联结机制，要坚持带动农民就业增收和提升农民就业增收能力并重。现在许多地方在引导龙头企业完善利益联结机制时，都注重利益联结的紧密性。但是，我们认为，促进农民就业增收和共同富裕，更要注意利益联结的稳定性和可持续性。

［作者系中国宏观经济研究院产业经济与技术经济研究所副所长。本文根据作者在"中国农村发展高层论坛（2021）——聚焦农民农村共同富裕"上的主题演讲录音整理而成］

◎责任编辑：李珺

发展新型集体经济走共同富裕的道路

⊙ 罗凌

"北有小岗，南有顶云""你走你的阳关道，我过我的独木桥"，这掷地有声的话语，至今仍在历史的时空中回响。1978年3月，顶云公社实行"定产到组、超产奖励"的生产责任制，拉开了贵州农业"大包干"的序幕，它将土地的使用权分到农户，使土地生产经营的主体由原来的集体变为农户，这种有效的管理制度，是对计划经济"集中过多，统得过死"弊端的否定，极大地解放了农村生产力，其积极意义不容置疑。但是今天，面对新的形势，我们要积极引领小农户与现代农业发展有机衔接，正确处理农民与土地、农民与市场的关系，丰富中国共产党在农村统分结合双层经营体制的内涵，探索推进生产合作、供销合作、信用合作"三位一体"改革试验，实现千家万户的小生产对接千变万化的大市场。

党的十九大报告明确，要实现小农户和现代农业发展有机衔接。2018年9月21日，习近平在中共中央政治局集体学习时强调，要把好乡村振兴战略的政治方向，坚持农村土地集体所有制性质，发展新型集体经济，走共同富裕的道路。

什么是"集体经济"，它与人民公社时期的"集体化"有什么不同？村级集体经济是一种经济实体，主要指集体成员共同拥有的集体矿产、山林、土地等资源，以及在此基础上通过经营获得的增值收益；集体经济中的农民是集体经济组织成员，有除参与集体经济建设之外，自主选择做什么、如何做的权利，多劳多得。集体化是特定历史时期生产关系的一种具体表现形式，与之对应的是家庭联产承包责任制，而非集体经济；集体化生产资料归集体成员所有，集中统一劳动，集中分配劳动成果，并随着生产力的发展而变化。集体化中的农民，除集体生产活动之外，不准擅自开展其他经济活动，也没有自主选择从事其他劳动的权利，或者权利很少，个人发挥能动性的空间小，实现更大经济价值的机会少。

20世纪90年代初，邓小平基于我国农业发展现状以及农业未来改革方向，明确提出了中国特色社会主义农业现代化建设的"两个飞跃"理论："第一个飞跃，是废除人民公社，实行家庭联产承包为主的责任制……第二个飞跃，是适应科学种田和生产社会化的需要，发展适度规模经营，发展集体经济。"1992年7月，邓小平对"两个飞跃"理论再次进行说明："第二个飞跃就是发展集体经济……"可以说，发展农业集体经济、实现农业现代化是贯穿邓小平"两个飞跃"理论的核心内容。早在20世纪80年代，针对部分干部担心以农业家庭联产承包责任制为主要特征的农业家庭经营影响农业集体所有制的情况，邓小平就明确提出："我们总的方向是发展集体经济。"

关于什么是"集体经济"，现行宪法的表述是："农村集体经济组织实行家庭承包经营为基础、统分结合的双层经营体制。农村中的生产、供销、信用、消费等各种形式的合作经济，是社会主义劳动群众集体所有制经济。"2016年12月，《中共中央国务院关于稳步推进农村集体产权制度改革的意见》明确："农村集体经济是集体成员利用集体所有的资源要素，通过合作与联合实现共同发展的一种经济形态……"综合上述两段文字，"集体经济"应该具备三个基本要素：一是利用集体所有的资源要素；二是由集体成员即村民自主组建、自由联合；三是在一种或多种经济环节上实行某种形式的合作。一句话，就是在产权清晰基础上发展多种形式的股份合作。发展集体经济不意味着走回头路，不意味着回到过去"一大二公"的老路上去。我们必须稳慎推进农村改革，积极探索农民从"分"再到更高层次上的"合"的有效实现形式，丰富统分结合双层经营体制的内涵，既发挥好集体经济的作用，又充分调动农民的积极性，在家庭承包经营的基础上，以一定的集体经济为基础，建立起统分结合的双层经营体制，防止在根本性问题上出现颠覆性错误。

当前，要着力解决好农民的"离土离乡"致使农业"后继乏人"的问题，土地的分散化、细碎化导致农业"弱质低效"的问题，市场的多元化需求加剧的农业"供需失衡"的问题。

首先，围绕推动小农户与现代农业有机衔接，深化农村改革，抓住农村改革的"牛鼻子"。

具体来说，就是要巩固和完善农村基本经营制度，促进农民农村共同富裕，解决小农户与现代农业发展有机衔接问题。着力用好确权登记颁证成果，稳步推进农村土地确权、赋权、易权工作，在确保土地承包关系稳定并长久不变的基础上，扎实推进承包地"三权分置"，发展多种形式适度规模经营，突出抓好家庭农场和农民合作社两类经营主体。发展壮大各类农业社会化服务组织，通过提供更加多元化、多层次、低成本的社会化服务，将小农户导入现代农业发展轨道。要持续深化农村集体产权制度改革，发展壮大新型农村集体经济。深化农村土地制度改革。积极探索健全农村集体经营性建设用地入市制度。针对乡村用地难问题，完善乡村发展用地政策，挖掘农村内部用地潜力，探索灵活多样的供地新方式，优先保障乡村产业发展、乡村建设用地。要推动城乡融合发展体制机制和政策体系落地见效。完善农业支持保护制度，着力破解要素制约，建立既适应金融市场规律又符合农业农村需要的乡村金融体系。

其次，着力"村社合一""组社合一"，建设一个好的基层党组织。

通过党建引领加强党的领导，延伸党的阵地，优化组织设置，横到边，纵到底。推进制度创新，密切干群关系，旗帜鲜明地突出基层党组织在农民合作中的领导者角色，将各家各户有限的要素和资源合理有效地组织起来，共同分担引入现代生产要素成本，有组织地开拓产品销售渠道。把管理单元细化至村民小组，有效发挥"组管委"服务生产、治理乡村的积极作用，降低村级的管理成本，实现村民组与专业社融合发展。探索技术辅导员制度，引进专业技术人员到村担任合作社技术辅导员，帮助合作社优化产业布局、指导生产技术、培训服务技能。加强技术培训。多方联系农业技术专家、农技人员进村入社，开办技术培训。强化利益联结，实施公平合理分配。建立兼顾合作社成员、理事会成员、村集体的分配制度，保障社员共享产业发展红利，确保合作社中各利益方公平受益。落实奖惩机制。建立正向激励和负向处罚制度，对善于开展经营管理和生产销售效益高的社员进行奖励；对违反村规民约、生产规范的社员予以适当经济处罚，规范社员行为，提高管理效率。链接村集体收益，探索实施股权具体化的路径。突出能人带动，引导青年返乡创业，培育爱农村、爱家乡、懂经营、善管理的治社接班人，充实合作社发展壮大的人力要素。与科研机构、高校等建立长效培养"三农"人才的机制，以"菜单式""订单式"为合作社培养适用型、技术型人才。

最后，坚持农民主体地位，扎实稳妥推进乡村建设。

乡村建设是为农民而建，要建立自下而上、村民自治、农民参与的乡村建设实施机制，把农民组织起来，让要素流动起来。乡村建设的过程，是组织农民、引导农民的过程，也是加强和改进乡村治理的过程，要通过不断健全基层党组织领导的自治、法治、德治相结合的治理体系，打造善治乡村。坚持规划先行、依规建设，合理确定村庄布局分类，保持历史耐心，明确建设时序，在村庄现有格局肌理风貌基础上，通过微改造、精提升，逐步改善人居环境，强化内在功能，提高生活品质，打造数字乡村，守住中华农耕文化的根脉。要从实际出发，重点推进通自然村道路等既方便群众生活又促进农民生产的基础设施建设，让广大农民在乡村建设中有实实在在的幸福感、获得感、安全感。

事物的发展总是呈现螺旋式上升又波浪式前进趋势的。引领小农户与现代农业发展有机衔接，在新的历史阶段引导农民从"分"到更高层次的"合"，不是对过去的简单回归，更不是走回头路，而是立足变化的实际实现更高层次上的"合"的需要，是中国特色农业现代化"两个飞跃"的本质要求。

（作者系湖南师范大学中国乡村振兴研究院专家委员、中共贵州省委党校副校长）

◎责任编辑：李珺

县乡连线

以小谋大探索新时代乡村善治之路

⊙ 赵立平

近年来，零陵区抢抓全国首批乡村治理体系建设试点机遇，以小谋大、以治促兴，在乡村善治上积极探索，扎实推进乡村振兴，取得了一定成效。

1. 以"小工程"破题"大党建"。

注重发挥党建引领作用，创新开展"一名党员帮扶 3 户群众，做好守法、尚德、提能、勤劳、清洁、和睦、教育 7 项具体工作"的"党员'137'包户"工程，做到党员联系到户、民情走访到户、政策落实到户、产业对接到户、精准服务到户，选优配强 16 个镇（街道）、334 个村（社区）领导班子，选派第一书记 76 名，组建帮扶工作队 62 个，齐抓共管治乡村、美乡村，构建了党建引领、全民参与、共建共享的乡村治理新格局。

2. 以"小例会"实现"大作用"。

聚焦民主协商、民主决策、民主监督等难题，创新开展"党务村务民主协商监督月例会＋云直播"，每月组织镇村干部、村民代表、村务监督委员会委员召开例会，并通过微信、钉钉等平台全程直播、线上互动，把村级事务的知情权、参与权、决策权交给群众，实现"群众点单→协商定单→村委派单→干部埋单→群众评单"。通过这一例会，参与监督协商的群众、解决反映的事项均增加了数倍，形成了"1+1 > 2"的效应，全区农村领域信访量逐年下降。该"例会"两次入选《中国反腐倡廉蓝皮书》，2021 年入选全国社会治理创新和平安创建案例。

3. 以"小整治"美化"大环境"。

以农村人居环境整治为切口，推行"区委主导、政府主责、乡村主抓、部门主帮、群众主体"五主机制，大力开展十镇先行、百村引领、千组示范、万家美丽的"十百千万"行动。近年来，清理垃圾10.2万吨，清理疏通河渠1032公里，改厕4.7万余户，拆除空心房75万平方米，农村通组路、饮水安全实现全覆盖，获全国村庄清洁行动先进县区称号，农村人居环境整治工作获省政府真抓实干表扬激励。

4. 以"小网格"推动"大治理"。

近年来，我们大力推行城乡网格化管理，将全区划分为1135个网格，把"人、地、事、组织"全部纳入网格，在乡村治理中，推动党建网与治理网"两网"融合，整合网格员、"五老"、村辅警等力量，组建万人网格服务团，打通服务群众的"最后一米"，实现了矛盾纠纷、治安案件、安全事故总量逐年下降，群众满意度逐年上升的"三降一升"。

5. 以"小公约"促进"大文明"。

将乡村治理的各项要求纳入村规民约，形成移风易俗"美丽约定"，将"最美庭院""美丽积分"等制度"挂厅堂、进礼堂、驻心堂"，每年评选一批文明村、文明户，常态推进红色文化教育进校园、进农村，以"小手"牵"大手"、先进带后进，推动乡风民风持续向善向好。

（作者系中共湖南省永州市零陵区委书记）

◎责任编辑：李珺

以"四好农村路"推进县域城乡一体化

⊙ 杨韶辉

"四好农村路"修的是路，联系的是党心和民心，巩固的是党在农村的执政基础，做好这项工作使命光荣、责任重大。近年来，隆回县锚定乡村振兴战略目标，立足"三宜三融三区"发展大局，大力推进"四好农村路"建设，取得显著成效，农村公路旧貌换新颜。近日，隆回县被省人民政府命名表彰为"四好农村路"省级示范县。

把"四好农村路"指示精神悟到深处

隆回县坚持把推进"四好农村路"建设作为一项重大政治任务。2019 年 5 月，时任隆回县委书记王永红在书记专题办公会议上提出："要真正学懂弄通习近平总书记对建设'四好农村路'的系列指示精神，让农村公路更好地服务于隆回经济社会发展。"现任县委书记刘军多次带队深入公路交通一线调研指导，县委班子深刻领悟，统一认识，将农村公路发展纳入重大议事日程，切实发挥好党委（党组）把方向、谋大局、定政策、促改革的作用。

成立"四好农村路"建设领导小组，由县长担任组长，县政府常务会议定期研究部署农村公路工作，把部门行为上升为政府行为，坚持政府主导，统筹全县力量，破除体制机制障碍，一盘棋推动"四好农村路"高质量发展。

把"交通融汇"战略谋到新处

结合全县经济社会发展大局，隆回县对境内的公路路网进行科学设计，按照"城乡大融合、交通大融汇"的思路，统一编制全县农村公路建设规划，构建"承上启下、内联外接、运行可靠、布局合理、服务优质"的农村公路网布局形态。

围绕补短板、促发展、助增收、提服务、强管养、重示范、夯基础、保安全，细致描绘出"四好农村路"的规划蓝图。以交旅结合、交产相融为目标，将农村公路与旅游发展、农村产业结构调整结合起来，发挥交通在经济社会发展中的"先行官"作用；以改善民生为目标，将农村公路与人民群众出行需求结合起来，解决"有没有"到"好不好"的问题；以提高财政资金效益为目标，将农村公路与扶贫工程建设、通客项目建设结合起来，统筹财政资源，推动科学发展。

把"人民满意公路"建设干到实处

民之所盼，政之所向。隆回县坚持以人民为中心的交通发展理念，真正把"四好农村路"建成广大人民群众的致富路、小康路、幸福路。

"三突出"建好农村路。突出立项争资，充分发挥交通建设投资公司融资优势，精准对接政策，巧抓项目包装，落实配套资金，推行以奖代补，2020年，整合扶贫涉农资金9397万元，确保农村公路建设力度不减、热度不降。突出民生实事，2019年以来，围绕脱贫攻坚和民生实事，靶向施策，硬化村组道路827公里，提质改造农村公路603公里，完成自然村通水泥路620公里，改造重要县乡公路32公里，连通边界路、断头路226公里，危渡桥改造25座，全县行政村通水泥路率100%，通等级路率100%，打通了农民致富的快捷通道。突出产业发展，改造扶五公路、山界民族路等产业大道，极大地促进了金银花、龙牙百合等农村养殖业、种植业发展；建成崇文公路等旅游线路，极大地拉动了雪峰山大花瑶景区等乡村旅游项目发展；年均投入2000万元整治交通问题顽瘴痼疾公路风险路段，建成大雾预警系统、弯道会车系统等多套智慧公路安防体系，群众出行的安全指数稳步上升。

"三率先"管好农村路。不断推进农村公路管养体制改革，在邵阳市率先跨乡镇设立9个养护工区，对所辖公路实行全方位模块化、区域化、市场化养护运营，提升农村公路的养护资金效益和养护管理水平；率先全面推行县、乡、村三级"路长制"，成立"路长制"工作委员会，县长担任全县总路长，县、乡、村三级干部分级分线路包干，598 名路长、2991 名分路长走马上任，形成了"政府主导牵头、部门共同参与、层层压力传递、人人职责明确"的公路管护责任链条；率先优化农村公路路政管理，创新建立"一乡镇一中队"体制，设置 25 个乡镇交管中队，人员进一线、下基层，有效净化路域，维护了路产路权。

"三聚焦"护好农村路。持续致力于打破"建养失衡"困局，开启了公路"大养护"时代，获评"'十三五'湖南省普通国省道养护管理优秀单位"，农村公路综合评定获全省先进。聚焦提能增效，推进公路养护长效常态。出台《隆回县农村公路养护管理办法》《隆回县农村公路养护管理实施细则》，划定农村公路的养护管理标杆，县、乡、村道养护考评一月一排名，年底总排名，考评情况纳入绩效评估、社会治安综合治理和平安建设考核，全县农村公路列养率 100%，经常性养护率县、乡道为 100%，村道超过 90%。聚焦资金保障，完善公路养护资金配套和监管体系，建立以政府投入为主的稳定的公路管理养护资金渠道，落实成品油税费改革转移支付政策，鼓励社会资本进入农村公路养护市场，并加强对养护资金使用情况的监督。聚焦幸福出行，推进公路路况稳步提质，2020 年，隆回县共创建"四好农村路"示范乡镇 4 个，创建"四好农村路"629.1 公里，农村公路技术状况全面改善，路面优良率稳步提升，虎形山瑶族乡 Y047 公路获评 2021 年"全省最具人气公路"。

"三提升"运营好农村路。提升城乡客运一体化水平，2019 年来，隆回建成城区客运站场 3 个、农村客运站 11 个、农村公路招呼站 770 个，现有公共交通线路 159 条，全县 562 个建制村开通客班车线路，县城周边 30 公里农村居民可乘公交直达县城务工、就业、经商。提升运输服务保障水平，持续推进农村客运公交化改造，一手抓严格监管，一手抓减负松绑，不断优化农村客运经营机制，让农村客运"开得起、留得住、坐得起、有效益"。提升镇村物流网络化水平。依托城乡路网、供销联社等加快乡、村惠农服务平台建设，打通"工业品下乡，农产品进城"双向流通渠道，构建县、乡、村三级的农村物流网络体系。

（作者系湖南省隆回县人民政府县长）

◎责任编辑：李珺

红色旅游区域合作与新时代乡村振兴

⊙ 杨必军

　　发展红色旅游是深入贯彻落实习近平总书记"用好红色资源，传承好红色基因，把红色江山世世代代传下去"重要指示精神的具体行动。湖南、湖北、四川、贵州、重庆五省（市）是湘鄂川黔革命根据地的主要区域，各省（市）间的革命历史事件在时间和空间上有着紧密的联系，红色文化一脉相承，红色资源一体相融，红色景点相得益彰。随着乡村振兴战略的实施，湘鄂川黔渝应迅速抢抓战略机遇，建立五省（市）红色旅游区域合作共同体，以红色基因为灵魂，以红色资源为载体，以红色旅游为媒介，以区域合作为抓手，共同开发红色旅游，增强地区整体影响力、竞争力，推动红色旅游跨越式发展、持续性繁荣。

一、坚持共建共享的合作理念

　　湘鄂川黔渝是新中国成立以前，党领导人民开展革命斗争的主战场，也是革命事件的多发地，是抗战文化、红岩精神、长征文化、伟人故里、将军故乡等庞大红色基因的宝库。虽然五省（市）经济、社会、文化等各方面存在差异，但红色资源有较强的互补作用，因而能够促进红色旅游优势互补，对合作方经济社会发展能够产生很强的带动作用。五省（市）应充分认识共同发展红色旅游的重要意义，坚持共建共享的发展理念，找准"互惠互利，共生共赢"的合作目标，树立"大旅游、大市场、大发展"合作思维，以红色文化为核心，打破地域限制，突破政策束缚，推动共建共享，携手开发旅游产品、打造精品景区、开通精品线路、广泛开展宣传，加快推动区域内红色旅游资源共用、线路互通、宣传互推、游客互送、利益共享。

二、明确详实具体的合作内容

1. 共同编制旅游规划。

2021年2月份，国家明确提出，推动红色旅游高质量发展，建设红色旅游融合发展示范区，支持中央和地方各类媒体通过新闻报道、公益广告等多种方式宣传推广红色旅游。五省（市）应瞄准发展契机，组织力量对当地红色旅游资源进行全面彻底摸排，在摸清家底的基础上，对红色旅游资源进行分门别类、整体规划，寻找最优开发方略，把红色资源潜力充分挖掘出来、整体优势充分释放出来。要突出抓好红色旅游总体规划和专项计划的统筹衔接，共同促进红色旅游产业与农业、林业、畜牧水类产业、现代服务业等多种产业的深度融合和发展，与促进乡村经济振兴、生态环境保护、中西部合作等战略一体谋划，通过建立长期的、稳定的、必要的规划，保障红色旅游与各行各业深度融合、高效发展。

2. 共同打造红色品牌。

一是精选旅游主题。深化"革命摇篮，领袖故里""历史转折，出奇制胜""艰苦卓绝，革命奇迹""千里跃进，将军故乡""川陕苏区，红岩精神"红色旅游主题宣传推介，进一步提升其声望和声誉。二是擦亮文化名片。通过合作推动红色文化创新，持续不断创作红色电影、红色剧目、红色歌曲、红色书刊等红色文艺精品力作，培育红色文化品牌。三是开发精品线路。以"建党百年红色旅游百条精品线路"等名牌线路为主基调，统筹谋划五省（市）跨区域红色旅游线路，将景区景点串联在一起，实现红色旅游互联互通。

3. 共同培育旅游市场。

一是培育红色旅游市场主体。五省（市）可以出台支持政策，吸引全国知名旅行社、大型酒店、运输公司等旅游企业通过投资、控股、兼收、并购、设立分支等方式在区域内落户，鼓励支持红色旅游企业发展壮大。二是加强红色旅游市场营销。搞好红色旅游市场调研，准确分析定位，推进市场集约开发，形成"1+1>2"的整体开发效应。三是努力营造公平公正的旅游营商环境。以强有力的红色旅游行业市场监管为抓手，积极营造健康、文明、安全的红色旅游共同运营环境。建立和完善处理红色旅游紧急情况的工作机制，经常性开展旅游市场整治行动，共同协调和监管好导游队伍。四是抓好旅游质量投诉处理，及时有效妥善处置违规案件，共同维护红色旅游市场良好秩序。

4. 共同推介红色旅游。

一方面可共同研制和开发红色旅游产品，共同撰写并组织编制红色旅游指引、红色旅游行程手册、自助游手册等，统一编写红色旅游导游解说词，共同举办大型红色推介活动、开通红色旅游专列、制定红色旅游奖励政策等，最大限度鼓励支持红色旅游发展。另一方面要创新宣传方式，发挥互联网信息传递快、传播范围广之优势，借助微博、微信、新闻客户端、抖音短视频等网络新媒体，将五省（市）红色资源、文旅产品、精品旅游线路、节庆活动等宣传推介出去，持续扩大其影响力、吸引力、美誉度。

5. 共同培养旅游人才。

五省（市）应合力推出红色旅游人才发展规划，建设高素质的人才队伍，推动红色旅游高质量发展。一是加强对旅游人才的重视。大力宣传旅游专业人才对红色旅游发展的意义和价值，引导各方共同高度关心旅游专业技术人员培育工作，加强旅游专业技术人才队伍建设。二是提高红色旅游从业人员业务水平。通过专项培训、业务交流等方式，对红色旅游业界人员开展素质提升行动，不断培养旅游营销、策划、开发人才。三是组建红色旅游专家团队。探索建立红色旅游产、学、研交流合作机制，推动红色旅游人才跨区域交流，组建一支擅长红色旅游研究、规划、设计、管理等的专门人才队伍。

三、建立长效管用的合作机制

1. 加强信息共享。

五省（市）可共同创办红色旅游网站，各级旅游部门可在当地的旅游网站开辟红色旅游专栏；同时，可建立红色旅游区域合作年会制度，每年确定中心主题开展研讨，轮值省（市）负责搜集信息，编印简报，并常态化组织联谊活动，交流工作经验，共享各类信息。

2. 约定合作守则。

为保障红色旅游区域合作关系的持续健康发展，应当明确共同合作的守则，合作各方是既竞争又合作的关系，绝不能因为竞争而对红色旅游区域合作共同体的任何一方造成诋毁伤害。五省（市）应在红色旅游网站域名、景区命名、线路规划等各项工作上达成共识，防止恶意抢注商标情况发生。同时，应当建立红色旅游区域合作事务管理组织，一旦红色旅游建设和旅游活动中发生矛盾和冲突，能够及时妥善解决。

3. 建立长效机制。

建立五省（市）红色旅游发展联席会议制度，制定明确章程，定期碰头研究，协商解决红色旅游发展中的各种问题，策划大型跨省（市）红色旅游节庆活动。建立五省（市）红色旅游区域合作组织保障和长效机制，各合作方明确专门机构、专门人员负责联络，每年轮值开展各类合作活动。在深入开展省级合作的基础上，积极争取党中央、国务院重大项目支撑，努力将合作议程上升到国家政策层面。

（作者系湖南省溆浦县原县委常委、宣传部部长，现任怀化市政协人口资源环境委员会主任）

◎责任编辑：李珺

以村规民约推行家风建设的三记"组合拳"

⊙ 曾要军

梅仙镇是个面积大、人口多、社情民情复杂的乡镇，近些年来随着物质生活条件的不断改善，为了排除不良陋习、不良风气给基层工作带来的困扰，把净化社会风气，激发群众内生动力作为关键所在，打出"村规民约、家风建设、移风易俗"三记"组合拳"，不断强化乡村治理，有效开创乡村工作新局面。

一、抓实村规民约

重点抓住并解决村民公约由谁定的问题。村民公约是村民自治的制度保障，以往很多地方村民公约仅由少数村干部制定，由村委会颁布实施，这样制定出来的村民公约尽管很全面，很完整，但群众参与度不高，更有群众不知情、不认可、不支持，其执行严重缺乏自觉性。为此，梅仙镇要求所有村都必须以组以片召开村民户主会、家庭主妇会，逐条逐项对公约内容进行充分讨论和表决，把村民公约的制定权交还给群众。凡没有得到大多数群众认可的条款，一律不进入公约，凡写入公约的条款，一定是绝大多数群众认可、赞同的，从而大大提高了村民执行公约的自觉性。

重点抓住并解决村民公约如何定的问题。一是紧密结合实际。要求各组各片要紧密结合自身实际，制定针对性强的公约。如：有水果产业基地的村、组，要求把"禁止盗采水果"写入公约；砂石、矿石丰富的村、组，要求将"禁止盗采砂石、矿石"写入公约；对于养殖场较多的村、组，要求将"不得乱丢乱弃病死畜禽"写入公约。

二是突出约束效果。要求针对村民公约中的重要条款，制定出相应可行的约束性和处罚性措施。如针对随意倾倒垃圾的行为，各村、组公约都明确了对待该行为的处置方法：一是要及时清理，二是要给予适当经济处罚，三是要通报批评。对一再违反者，该户将被评为该年度"家风不合格家庭"。

重点抓住并解决村民公约由谁来监督执行的问题。因涉及面广，村级干部力量有限，为此，梅仙镇要求各村必须以组以片推选3人组成村民公约监事"三人小组"，负责对本组本片村民执行公约的情况进行长期监督，对违规行为进行及时的劝导、帮教或执行处罚，以此确保了村民公约真正落地生根、产生实效。

二、推行家风建设

家风正则民风淳，家风好则事业兴。为弘扬党的家风建设传统，更好树立正确的价值准则，2019年4月，在广泛征求社会各界意见并得到辖区群众广泛支持的基础上，梅仙镇党委、政府出台了《关于在全镇范围内深入开展"优良家风建设"活动的决定》，明确以村（居）为主实施，并将家风建设相关内容和要求纳入各村的村规民约，以村民自治制度的方式在全镇深入推进家风建设。重点培养考察每一个家庭在"诚实守信、尊老爱幼、遵规守法、勤俭持家、和睦邻里、爱护环境"六个方面的表现，并对每一个方面作出具体和详细的规定，以年度为单位，每年年终要对每一个家庭进行家风等级评定，评定分为"优良、合格、基本合格、不合格"四个等次，评定结果公示并严格奖优罚劣。

对评定为"优良家风"的家庭，给予公开表彰并授牌嘉奖，对评上镇级先进的，其家庭成员还给予一次免费体检的优待政策，以增强正面激励的效果。对评为"家风基本合格"和"家风不合格"的家庭，明确要限期三年内"摘帽"，三年之内以年度为单位，由户主提出申请，经村民代表大会讨论，需票决通过后，方可"摘帽"。如未通过"摘帽"的，考察期将再延长十年，并以十年为轮次，开展"摘帽"评定。"家风不合格家庭"在未"摘帽"之前，其家庭成员在相关资格审查（如政审）、银行授信、照顾性政策享受等方面将如实反映其家风情况，影响最终结果。如在政审材料中，支部、村委会将在审查意见栏中注明：该家庭在某年度被评为"家风不合格家庭"，且至今没有"摘帽"。以此督促每一个后进家庭尽快转变家风，推动整个基层社会风气好转。

2019年至今，该镇共评定"家风优良"家庭997户，"家风基本合格"家庭426户、

"家风不合格"家庭170户。其中，2019年度评定的251户"家风基本合格"家庭全部转变成为了"合格家庭"，有35户"家风不合格"家庭通过了评定而"摘帽"。

三、深化移风易俗

主要围绕农村"婚事新办、丧事简办、他事不办"以及规范农村殡葬管理等移风易俗相关要求开展工作并不断深化。镇、村分别成立文明劝导队、文明执法队和红白理事会，对村民各种酒席操办行为进行事前摸排、事中监督、事后反馈的全过程管理，从根本上规范、限制和减少大操大办、铺张浪费的行为。同时，全镇兴建了27座村级公益性公墓山，拆除了600多座"活人墓"，通过"建、拆、禁、管"四字方针，大力整治农村青山白化、乱埋乱葬的行为，既减少了土地资源的极大浪费，保护了生态，又极大减轻了群众的人情负担。

通过"抓实村规民约、推行家风建设、深化移风易俗"三记"组合拳"，梅仙镇乡村治理取得了实在成效。

稳定隐患由"多"变"少"。 该镇矿石、砂石盗采现象已基本绝迹；近三年未发生一起强行阻工事件，贫困劳动力就业同比增长19%；全镇无一人辍学。针对信访数量居高不下的实际，该镇制定信访稳定矛盾"志愿者包户、家风帮教、司法调解"三步联动调解机制，2020年全镇信访总量同比下降36.2%，近两年无一例缠访闹访现象发生。

村庄风貌由"乱"变"美"。 通过"优良家风建设"，政策精神、现代思维、文明理念在潜移默化中深入人心，凝聚了广泛共识，规范了日常行为，乱捕滥捞、乱占乱建、大操大办、奢侈浪费、建"活人墓"等社会"乱象"明显减少，"婚事新办、丧事简办、他事不办"等文明行为蔚然成风。2020年，全镇共规范简办婚丧事宜550多例，劝导不办其他事宜330多起，为群众节约开支1000万元以上。

产业发展由"淡"变"旺"。 通过优良家风的创建，村民文明素养提高了，地方发展环境变好了，致富产业也兴旺起来了。2017年，该镇三里村引进峰岭菁华水果产业。如今，该企业不仅水果产业发展良好，而且新建了4800头的能繁母猪基地和有机肥料厂，同时还正在筹建一个54兆的光伏基地。仅此一个项目，除每年固定的土地流转、利润分红外，该产业每年可为地方村民提供就业岗位300个以上，有效带动了村民增收致富。近两年，该镇新发展水果上万亩，新增各类农业专业合作社40多个，农业各类产业方兴未艾，城乡居民可支配收入由五年前的

5700 元增长到了 14000 元。

公益事业由"冷"变"热"。家风建设不仅调动了村民自我发展的积极性，而且培育了村民崇德向善、服从大局的公民意识，许多难点工作因此迎刃而解。为引导全社会关注和支持教育事业，梅仙镇组建教育基金，短短不到两年，全镇干部群众及寓外乡友累计认捐资金超 1000 万元。许多村民自身还没有完全摆脱贫困，但在资助教育时毫不含糊，自发慷慨解囊。由于全镇上下尊师重教，2021 年高考二本上线率再攀新高，初中升学率达到 86.3%。

新时代推进乡村振兴，不仅要注重物质富裕，还要注重精神富有。梅仙镇以家风建设为主要抓手，在党的领导下推动群众自我教育、自我管理、自我提升，将社会主义核心价值观植入灵魂、融入生活，形成知荣辱、讲正气、谋发展、促和谐的新风尚，牢牢牵住了乡风文明的"牛鼻子"，有力促进了经济社会发展，为乡村振兴注入了强大的精神动力。

（作者系湖南省平江县梅仙镇党委书记）

◎责任编辑：李珺

乡镇机构编制资源的优化配置

⊙ 刘蕊

为切实做好乡镇行政区划和村级建制调整改革的"后半篇"文章，下好乡村振兴和基层治理的先手棋，需要推动乡镇各类行政权力事项运行再落实，盘活机构编制资源，配齐配强干部队伍，充分发挥干部在基层一线治理中的重要作用。在脱贫攻坚与乡村振兴衔接的大背景下，本文以四川凉山彝族自治州 L 县为例，就目前机构编制资源配置所存在的问题和发展方向进行分析。

一、目前乡镇机构编制资源配置存在的几大问题

基层干部招任渠道窄，专业对口性不强。现行公务员招录和事业单位选拔考试中，乡镇招录考试多以"三不限"为主，上岗后所负责的工作范畴与自身所修专业关联性不大或完全不相关联，且存在政事不分现象。事业编制干部管理方面，相较行政编制人员拥有更灵活、低成本的晋升渠道，在编在岗事业单位人员可以参加公务员招录考试、"五类人员"考试，而行政编制人员在最低服务期满前无法再参加任一招录考试，同时，期满后各类遴选考试的条条框框限制愈发严格，晋升渠道小、机会少，加之选拔类考试并未完全冲破"全日制"桎梏，使得高校毕业生多不愿意报考乡镇公务员，乡镇成为报考行政单位的"末位选择项"。

乡镇干部管理流于形式，干事创业积极性不高。岗前培训方面，内容笼统且具普适性，与基层一线工作特殊现状匹配度不高，有业务下放权的部门缺少日常蹲点式业务培训，对培训结果运用

的考核较为呆板。同时，新晋干部指定专人培养流于形式，对年轻乡镇干部重视度不够，加之受限于本乡镇领导职数，行政区划调整后乡镇年轻血液晋升竞争更加激烈。现行激励机制无法充分调动干部工作的积极性，虽相继出台年终目标考核、月工作记实、季度考核等多种考核手段，并将领导干部考核与一般干部考核进行区分，为一般干部提供更多评先评优机会，但在实际内部考核中干部管理往往流于形式，没有很好地将考核结果运用起来，激励机制不健全，致使干部干事创业积极性不高。

基层治理权责不对等，扩权赋能与初衷背离。派驻机构多、垂管机构多、乡镇统筹力量不够强，县级机关压责任、压任务至乡镇一级。乡镇执法队伍不健全，对市场监督、综合治理及交通秩序整治束手无策，仅能通过宣教方式规范运行。业务考核不断泛化，这些作为考评的重要内容依照属地管理原则进行核定，使不具备执法能力却又在年终绩效考核中承担着"挨扳子"风险的乡镇苦不堪言。同时，材料考核、文字考核加重乡镇的负担，有限权力下需要承担无限责任，进而导致了乡镇干部对扩权赋能的理解偏差，认为是加重工作量的开始。

基层党组织架构不完善，村级后备力量流失严重。乡镇、村、村（居）民小组三级党组织架构不完善，党组织和群团组织资源共享、阵地共建、活动共办落实不到位，村级班子成员文化程度参差不齐。在定向招录考试中面向优秀村（社区）干部，要求为村党组织书记、村委会（社区居委会）主任，未考虑其他村常职干部，工资待遇上不去、招录考试没资格，导致村级后备力量流失严重。

二、优化乡镇机构编制资源配置的几点思考

编制资源聚焦活化利用。牢牢把握适度原则，以空编集中管、依事增减编的动态管理机制，优化乡镇、街道办之间的横向调整与交流，做到用编先评估，优化下报上批程序，余缺平衡。编制数量分配上，可依据乡镇所辖总人口数、地区生产总值、辖区面积、基本管理职能，并结合民族、语言、风俗习惯等特殊因素综合考虑。在控制总量的前提下，利用乡镇机构编制资源配置"杠杆"将编制资源分配至发展过程中最急缺的部位，同时综合今后发展侧重点与难点，助力乡镇从脱贫攻坚到乡村振兴完美衔接，更好地满足社会发展与经济发展对机构编制的要求，科学配置，切实激发乡镇行政效能，降低人员结构优化的行政成本。

绩效考核着眼聚能增效。控量作为基础性工程，是调用乡镇编制资源"蓄水池"

的前提保障，绩效考核是建制调整改革"后半篇"文章强有力的助推器。下一步，应当以如何提振乡村振兴和新农村发展主力军"士气"为切入点，用好基层人才引进及行政事业编制人员招考政策，拓宽干部选拔任用和晋升渠道，让乡镇一线干部吃下"定心丸"，充分发挥在乡村振兴建设中的主观能动性和干事创业积极性，提振乡村经济发展，推进基层社会治理。

完善派驻机关个人评定考核。建议赋予乡镇对上级派驻机关的人事调整建议权，在乡镇党委、政府考核机制中增添对驻乡镇机关工作人员的考核，实行"双考核"制度，即派驻机关考核与派驻所在地乡镇党委、政府考核相结合的管理模式。现行考核中，对派驻机关的考核并非对派驻工作人员的个人考核，而是对集体的考核，因考核结果存在联动性，从而使派驻人员在考核中以单位为庇护所，未受到驻地单位对其在派驻期间表现的评定，也不会因为在职期间的表现受到相应奖惩。

建立健全乡镇激励机制。乡镇资源配置上要从如何留住人、会用人下手，以提升干部认同感和获得感为发力点，避免形式化考核、教条式打分行为，真正做到强镇、减负、放权、赋能，避免工作任务量的两极分化，同时在日常业务培训上，多设置有实用价值的课程，让乡镇干部成为百姓满意的"人民办事员"。

（作者单位：四川省德昌县巴洞镇人民政府）

◎责任编辑：李珺

三农论剑

中国农村财产关系演变的事实与趋势

⊙ 周其仁

农村改革的主体是农民，因此，回顾包产到户八年的历史，必须紧紧围绕农民状况变化这一中心线索。在经济状况方面，财产关系具有根本的意义。所以，我们的系列研究就从农民的财产状况分析入手。

改革前农村财产关系的基本格局

改革前的中国农民家庭只拥有很少归他们所有、使用和收益的财产。1978 年每个农民户平均拥有估价不超过 500 元的住房（ 3.64 间，使用面积以 58.38 平方米计 ），32.09 元的货币存量和不超过 30 公斤的余粮。此外，还有数量微不足道的简单农具。在农区，每户有 0.5 ~ 0.7 亩自留地，归集体所有，但由农户占用，原则上限于自给蔬菜和部分口粮；牧区还有少数自留畜。考虑到当年全国农民对国家银行、信用社和社队集体负有数额可观的债务，那么中国农民几乎是地地道道的农村无产者。这是自从 1956 年高级社取消了农民入社土地分红制度之后二十余年历史的结果。

那时，农村财产的唯一主人是人民公社集体。根据抽样调查数据，1978 年每个公社拥有固定资产 305.9 万元，推算全国总额为 1614.6 亿元（ 其中社队企业固定资产 230 亿元 ）；全国的集体耕地地产以农业净产出和利率估算为 12665 亿元；此外，还有 55.67 亿元集体存款和若干公共存粮。抵销掉一些集体的债务之后，人民公社财产总额共约 14335 亿元，平均每个公社 2715.9 万元，其中地产占 88.1%。

几乎一切财产都归集体所有，这作为 20 世纪 50 年代中后期社会主义改造"要求过急、速度过快、工作过粗"的产物，遗留下一系列严重问题。其中最根本的，是始终没有解决农民——他们在理论上是集体经济的主人——与集体财产之间本来似乎应该有的密切关系。"政社合一"体制导致财产权利对行政权力的附属；而"三级所有"的各层权利界限一直十分模糊，这是人民公社时代"平调"之风不绝于史的制度性原因。在每一级集体内部，公共财产以及财产的收益究竟应当如何支配，普遍没有形成稳定的、有法律保障的规范。相当一些地方，集体财产的公共所有性质完全被侵蚀得面目全非。靠疾风暴雨式的政治运动来充当集体财产的保护神，至少在大规模的"四清"运动中就已看清，这是根本不可能的。"集体的、公有的财产关系"并没有构成改革前广大农村的真正现实。集体内部因名不符实的事情数量太多，而无法使农民建立起对集体经济的基本信任，他们甚至没有把集体财产看作是自己也有一份在内的共有财产。最显著的行为标识是：农民一旦与"公共财产"相结合，从事生产的积极性就低落，全国差不多所有的集体大田都远不如农民那一小块自留地经营得好；农民对公共事务和公共利益的兴致、关心和责任没有得到持续的培植；一部分农民只要有机会也会同样参与对集体财物的侵占和蚕食。

种种问题早在高级社和人民公社创建之初就产生并发现了。但囿于不准触及体制问题的禁锢，改进的努力只好主要依靠发动运动来整肃农村工作干部的个人品质。这当然收效甚微。直到 20 世纪 70 年代末，首先在群众长期贫困不得温饱的地方推广迅速见效的包产到户，才微露出问题原来还有另一种解决的途径。在党的十一届三中全会思想路线的鼓舞下，双包到户潮流只用了两三年的时间便席卷全国。它像闪电一样揭示出一个基本事实：几乎全体农民都拥护对公社财产制度进行根本性的改革。1984 年底，全国 569 万个生产队中，继续维系原有统一经营方式的不足 2000 个，仅占 0.04%；其余全部包产、包干到户。用农民直截了当的说法就是，又一次分出单干。

在三个方面上展开的改革

包产到户并没有事先高举"改革所有制"的大旗。但是，承包产量从一开始起就以分户承包集体财产（主要是地产和农机具）为必要前提。分包集体财产，则以其收益分配的明确性大大刺激了总产出和剩余产品的增加，反过来又给了农民把自己所得的剩余产品再投入经营过程，逐步形成农户自有财产的权利。承包集体财产与形成农民自有财产之间的内在联系，虽然很晚才引起全社会的注意，但回头来看，这正是农村财产关系大变革的起点。

如果要加以轮廓性地描述，这场大变革是从以下三个方面展开的。

第一，原有集体财产的存在形式发生了根本的变化。它表现在：（1）集体所有的不动产，主要是几乎全部耕地，以及相当一部分水面、草场、山林、荒滩等，都已承包给农户独立经营，收益则在农户和集体之间分成。承包的年限在1984年后普遍已延长到15年以上。1985年平均每个农户人均承包2.07亩耕地，0.52亩山地。推算全国当年地产总估价为20000亿元，每个农户平均承包着10500元。（2）另一部分集体的牲畜和大中农机具等，经折价处置，实物流转归农户，折价款则留归集体。1985年末，仅社员尚未付款的集体财产折价款即达124.4亿元，推算已转归农户的资产共有200亿元以上。（3）集体的非农业财产，主要是原社队企业的固定资产，部分承包给企业集体、经理（厂长）经营；部分作价折股归还生产队或农民，并吸收新的股份重新组成新的企业实体；部分折价转卖给农民个人。1985年末，全国乡村两级企业固定资产原值共750.38亿元，比1978年增长了239.3%，其中约90%以上已运用各种形式承包或折股。

第二，重建了归农民家庭所有的财产权利。根据农民住户调查资料，1985年全国平均每个农户自有生产性固定资产为792.53元，自有总估价为2379元。98元的私人住房，年末人均手持现金81.61元，人均储蓄存款30.91元，每户还有余粮（人均年度粮食收入减去年度粮食开支）128公斤（折价64元）。加总起来，每个农户平均拥有3812.7元完全归其所有的财产，人均744.68元。推算全国农户总资产当在7000亿元以上。这部分财产增长最为迅速。按相同口径计算，已经比1981年增长了1.63倍，年平均增长27.37%。

第三，适应扩大经营规模的要求，在部分农户独立的财产权利基础上，形成了一批超越家庭范围，但又截然不同于原有集体模式的新经济联合体、合作企业和私人企业等新的财产主体。

1985年，全国合乎统计指标要求的新经济联合体共48.47万个，拥有从业人员420.14万名（其中帮工、徒弟117.66万名），固定资产48.81亿元。同年，由部分社员联营的合作企业112.11万个，其他形式的合作企业28.08万个，共拥有从业人员946.33万名；如果这些企业平均拥有的资产为15000元（比之于新联合体，这个估计值可能是偏低的），那么，新的合作企业总资产达210亿。此外，农村私人企业也正在发展。据乡镇企业局统计，农村个体企业共 925.35 万个，占乡镇企业总个数的 75.5%，总就业的 26.95%，总收入的 17.52%。这些个体企业绝大多数是家庭企业，因此，资产拥有额与农户资产拥有额可能有很大的重合性。但统计局对合乎规范的专业户的统计表明，1985 年在全国从事三次产业的 129.3 万个专业户中，每户雇请帮工、徒工 8 人以上的共 18169 户（占专业户总数的 1.41%），被雇人数 19.9 万人，平均每户 10.97 人。这批专业户实际已初具私人企业的雏形。以这些企业平均持有资产 2 万元计，推算全国总额为 3.63 亿元。这个推算数比人们的直观印象要偏低一些，主要是因为目前对私人企业尚无正式而完备的登记制度，用其他形式调查又由于问题本身的敏感性而受到干扰。这样把上述推算数扩大 3 倍，1985 年全国农村私人企业资产为 10 亿元左右，可能比较恰当。

上述变化交织成一幅中国农村的新画面。为了有个总的把握，我们用来源不一，且精度都有限的数据勾勒出当前的总图景：农村财产总额为 30000 亿元，其中 20000 亿元地产为集体所有，农户独立承包经营；生产性固定资产共 2700 亿元，其中农户拥有的占 55%，新联合体占 1.78%，原有集体占 42.43%，私人企业占 0.07%；非生产性住房共约 5000 亿元，农户占 90.6%；此外尚有 2000 亿元以上货币及实物储置，农民家的占 65% 以上。

对改革的理解：究竟发生了什么实质性变化

如何理解 1979 年以来我国农村财产关系的实质性变化？首先是人民公社的解体并不等于集体经济财产的荡然无存。它们主要是改变了自身存在及营运的形式。过去，集体对地产和其他财产的所有权，通过统一经营和对收益的直接支配来实现。现在则主要通过获取农户承包上交来实现。1985 年平均每个农民向集体上交的承包金额为 10.79 元，推算全国总上交为 90 亿元；加上全部乡村两级企业账面上交集体的利润 67.73 亿元（平均每个乡村企业上交 4316.49 元，实际数额不限于此），集体的年度财产发包所得当在 150 亿元以上，比 1978 年集体提留的 103 亿元增长了 45.6%。当然，从生产性固定资产的变动来看，集体所有的部分减少了几百亿元，主要是折价变卖时普遍低价、欠付的变动中某些地方的人为破坏（以水利设施、公有房屋、林木的盗毁和公有财物的私分挪用最为突出）所造成。不过这方面的损失已在集体地产、企业财产的增殖（分别为 7.335 亿元、520 亿元）和货币存量的增加（共 73.13 亿元）中获得弥补。总体而论，集体财产数额并没有因改革而减少，反而大大增加。1985 年末，集体拥有固定资产 1145.6 亿元，现金及存款 128.8 亿元，两项共 1274.4 亿元；扣其作债务 138.57 亿元，尚有 1135.83 亿元，加上地产，共有财产存量 21135.8 亿元，占农村财产总量的 70.5%。

重建的农民家庭财产，大部分为非生产性的房产（占 62.42%），而生产性固定资产则占 20.79%。在农户自有的生产性固定资产中，役畜、大中型铁木农具和农林收渔机械共占 57.4%，外加一部分现金和实物，但这都必须同承包来的土地相结合，才能从事生产活动。在这个意义上，重建农民独立的、个别的财产权利，还不能说完全和重建私有制等价。不过，农民是否具有独立的、个别的财产，却对农民经济地位以至基本的人身权利和政治权利，都发生着重要的影响。

基于农民独立财产而发生的新组合，包括新联合体、合作企业和私人企业，目前产生的数量和覆盖面都比较小，其中新联合体占据着明显的数量优势。尽管不少研究者强调在种种不同新组合之间的"根本不同的性质"，但从我们进行的一些调查来看，无论新联合体、合作企业，还是私人企业，大都是在农民之间亲缘、好友圈子内自愿选择的产物。比之于旧有的地缘和行政性僵硬组织，这些产物都是历史的进步。但是，如果说在这方面已经形成了什么稳定的、可与"资本主义"类比的经济形态，则是一种夸大了的错觉。从财产总量构成来判断，在这方面尚有从容的时间来进行更深入的实验。

总之，迄今为止，我国农村由包产到户引发的财产关系变革，并不是像土地改革那样，通过剥夺一个社会集团（地主）的财产分配给另一个社会集团（农民）来进行的。它是通过原先几乎唯一的集体财产权利的权能分离，首先使农户（即组成集体的分子）享有地产和其他生产资料的占有、使用、收益权，而后又具备积累自有财产，并再行自愿组合成新的多种形式财产关系的实力和权利，最后形成突破了单一集体化的新的财产结构。在这场 8 亿农民都深深地参与其中的财产变革中，尽管也不可避免地包含一些财产重分的因素（如集体资产的低价折卖、盗毁和贪占等等），但其主流却是在迅速增长的财产总量中，形成新的财产主体。因此，不难理解，为什么这样一次财产权利的大变化无须像土地改革那样，非要经过激烈的阶级斗争来实现。它差不多总是平和的，尽管其广泛性和深刻性一点也不亚于中国农村历史上任何一场财产关系的大变革。这场改革并没有放弃在小农占人口绝大多数的国度里，找寻建设社会主义最合适形式这一基本努力方向。

实践已对我国农村这一场变革作出了初步检验。现在甚至最富于偏见的人，也无法否认正是这场财产关系改革，重新唤起了农民对土地的热爱、对劳动的热爱和对生活的热爱。这是 1979—1984 年中国农业超常规高速增长的真正秘密。

变革也大大有助于总结在农民人口多数的国家里，如何从事社会主义事业的教训。它又一次验证了一条基本道理：工人阶级无论如何也不应该凭借政权的取得而去剥夺农民的私人财产（恩格斯，《法德农民问题》）。在社会主义时代，如果试图把农民剥夺成无产者，然后再迫使其参加社会主义建设，那这样的"社会主义主张"必定要遭受到农民的消极的、因而也是最难于制服的反抗。虽然直到今天为止，包括中国的新鲜经验在内的全部农村工作经验，也还没有完全解决如何在尊重农民财产权利的基础上，通过适当的合作占有形式来帮助农民走社会主义道路。但早已明确无误的事实是，无论哪里以何种形式去剥夺农民，总要付出农村社会生产力停滞不前的代价。更为明显的是，任何地方只要善于纠正剥夺农民财产的错误，都能立即获得巨大的经济和政治方面的矫正效益。

成功的基础稳固吗

中国农村改革的使命绝不仅仅限于纠正以往所犯的错误。加速现代化的进程所提上日程的问题是：如何在纠正以往错失的同时，建立起利于我国农村中长期发展的牢靠基础。在财产关系方面，我们必须尽最大的努力来探求建设这样一种制度：将农民的独立的财产权利和个别利益，以及在此基础上产生的积极性最持久地保持下去，并使之同全社会的利益和中长期发展目标相协调。用这样的标准来衡量，包产到户改革仅仅还只是一个序幕。已经取得的改革成果远未规范化而成为制度性成果。它们并不稳定，也不牢靠，甚至无可否认地存在着某种得而复失的危险。

首先，承包经济虽然已成为农村财产关系的主体，成为既包括公有财产（财产和社队企业），也包括农民自有的多重权利组合。但是，迄今为止，承包经济内部双方的权利和义务都尚缺乏明确的法律规定性，许多最基本的权利经常遭受着各种形式和不同程度的侵犯，得不到切实有力的保障。因此，承包经济范围内的财产还不足以培植起各当事人良好的长远预期。

在耕地承包方面，（1）种植自由的权利远未普遍确立，多种强制性干扰的现象频频出现，1985 年大调结构和 1986 年大种粮食，都不完全由承包经营者独立决策；（2）产品出售的价格、买主和售量选择，常常遭到形形色色的强制性规定，有的地方甚至达到骇人听闻的地步；（3）在承包经营的收益分配中，承包者上交的根据和数量都不明确，"苛捐杂费"弹性过大，负担太重；（4）农户家内人口的变动，对耕地的长期承包产生着压力，其后果或者导致耕地在家庭内部进一步细分，或者导致重分土地的要求，总之使承包权利的时效性并无制度保证；（5）承包权利的流转方式和规则，至今最为含糊，除了对土地转包的政策性承认外，实际上承包权的无偿转移仍是通用法则。这当然不为农民所接受。最终结果是一部分土地无法充分利用，财产通过正常流转而能够获取的收益，承包的双方都得不到，社会也得不到。这件事的反面，则是一部分土地实际被以绝对垄断价格变卖，收益全然归"大胆"份子所有，成为分配方面不公平加剧的一个重要根源。

在非耕地承包，由于主导的方式不是按人口均分。因此，这里更突出的问题是农民之间相侵犯的行为较多（如对他人承包的鱼塘投毒、偷拿甚至哄抢等）；同时，无规则的、过重的税费也侵害着承包人的权益。由于这两个方面的突出问题，在草场、山林、果园、水域（尤其是大水面）、荒滩、矿山等财产的承包方面，至今财产纠纷多，关系不稳定。如果说在耕地承包方面，至少已在集体内部建立起此种依仗"人人都有一份"才得以发挥作用的秩序的话，那么，在非耕地承包方面如何建立最基本的秩序，至今在许多地方还悬在半空之中。

承包经济中最严重的问题是，公有财产的承包上交所得，在很广泛的范围内至今账目管理混乱（有的根本不建账、不记账、不结账，处于"无簿记财产"状态），听任少数人任意侵占。1985年上半年起在全国清理集体财产，到1986年中共清出贪污、盗窃、拖欠、侵占、私分集体财产达几百亿之多。"公有财产是一碟酱，有权有势的随便蘸"，这并不是个别情况的写照。这再一次提醒我们，公有财产建立的规模和形式，不仅要同一定的生产力相适应，更直接的，还必须同对公有财产的实际管理能力相适应。徒有其名的"公有财产"，是对公有制的最大亵渎；它不仅已成为"无效率"的根源，而且是导致"不公平"的手段。除了日复一日地破坏农民群众对社会主义道路的信任，这样的"公有财产"永远无法成为贯彻社会长远利益的经济基础。

总之，在承包经济中，多方面的、复杂的财产权利关系的普遍性和明确性程度至今很低。在推进包产到户的阶段，"统分结合，宜统则统、宜分则分"这类口号，因其内涵的模糊性而使各方面都较容易接受。因而起了重要的作用；但是，到了要从制度上巩固已有改革成果的阶段，这类口号却也正因其固有的模糊性而产生了很大的问题，"宜"与"不宜"的界限和准则究竟何在？改变统与分的界限究竟要通过何种程序？这些问题从来都模糊不清，当然不能使承包的双方建立起稳定的预期。在商品经济中，当事人若无内容和时效都明确的财产权利，就不可能产生任何正常的经济行为。因此，农村承包经济又来到一个新的拐点上：及时结束由模糊语言组成的口号，代之以明晰的法律用语和程序。否则，承包经济作为中国农民在党的领导下的伟大创造，始终不可能超越"权宜之计"的水平，难以在我国农村建设的历史上留下制度性的痕迹。

其次，重建起来的农民家庭自有、自用的财产权利，也缺乏法律的明确性。比如农村个体工商户总量的较大波动，就并不仅仅是经济景气与否的反映，而且也受制于税费的时轻时重、市场交易费用的猛起猛落、舆论的忽贬忽褒。中国农村社会的文化背景中根子很深的抑工抑商、平均财产的倾向，常常使对农民家庭财产权利的威胁从潜在的转化为现实的，从心理的、精神的转化为物质的。这种威胁需要系统的社会性权威手段来与之持久抗衡，否则它有可能动摇包产到户改革的基石——家庭经营为基础的承包经济。

再次，新经济联合体对外独立的法人地位并没有得到确认。直至1986年上半年，相当一些地方的征税过程是把"新经济联合体"作为个体经济来看待，"享受"着个体经济的高税率。同时，它作为"合伙"的主体，是否能够独立行使民事权利，在法律上是含糊的。因此，前述集体的非农业财产所面临的税费过重等问题，在新联合体目前向外部环境中也是存在的。在新经济联合体内部，各个成员互相的权利和义务的界限比较模糊，它们多半靠亲缘、好友等特殊人际关系在维系和调整，有的地方又"引进"股份公司的法则，虽然有因不伦不类而适应性强的好处，但也有责任和风险承担的义务不易落实的弊病，特别是当商品经济的发展撕断了亲缘型的人际连结纽带之后，这类新联合体就会遇到内部组织危机。1985年新经济联合体的平均规模有所扩大，但总数增长减缓，可能表明它们已进入再组合过程的开始。如果因长久没有明确规则而导致再组合过于频繁，那这类主体就难以稳定成型。

最后，私人企业至今仍在政策层次上居于被"看一看"的境地，没有合法存在的权利。"看一看"是非常必要的，否则利弊分析的分歧太大，无法产生统一的政策。现在时间已过去了4～5个年头，应当说利弊都看得比较明显，有条件先在政策上给予正式的、有约束的承认；然后着手制定私人企业法规并予以规范。明确保护什么、保护到什么程度和限制什么、限制到什么程度。否则现在一小部分私人企业主利用没有明确规范，外部环境比谁都宽松（甚至无任何税费）的空子，致使私人企业的某种弊端恶性发展；另一部分人裹足不前，不断把"剩余"转向过度消费；多数人则"超短期行为"占主导，捞着一把就随时准备撤退。这样的局面对农村生产力发展，以及正常经济秩序的建立，都没有好处。

上述情况不仅已影响到当前农村经济的运行，而且特别影响到农村的扩大再生产。根据抽样调查资料，在 1984 年农林牧渔业的生产性固定资产投资额中，农户和新经济联合体占 73.58%，乡、村、组三级占 26.42%；在农村土业、交通、运输业投资中，农户、新联合体和承包企业等占 90% 以上；集体的上交所得，绝大部分作为社会福利性开支。目前，承包农户及其组合成为投资的主体。但是，农户的生产性固定资产投资占其中总支出的比例，却在 1983 年达到顶点后（5.7%）开始下降。1984 年为 4.7%，1985 年为 3.8%，1986 年前三季度为 3.43%。另一方面，农户的住宅投资近三年却不断提高在总支出的比例。1984 年为 9.3%，1985 年为 9.6%，1986 年前三季度为 11.2%，1985 年人均住房开支达 39.16 元，等于当年购置生产性固定资产额（18.7 元）的 211%。越来越多的农民的当年结余，投向住宅和货币储存，表明农民对两个吸纳资金方向的财产权利已感到比较放心，而感到其他方面的财产权利还不牢靠。这样形成的投资结构，必定要对农村长远的经济形势，生产不良影响。

综合起来，我们认为农村既已取得的财产关系方面的重大变革，基础并不稳固。巩固已有成果遇到了一个崭新的领域：政策发动的硕果要通过法律制度来稳定和巩固。财产关系是不能单单归结为法律表现的，但财产关系因其特殊的涉及人们最基本利害的独特性质，却非由法律囊括不可。中国历史上的财产关系向来缺乏明确的法律表现，这是古代断断续续达到过惊人的商品经济繁荣，但始终没有累积性结果的一个根本原因。今天，如果我们选定了发展商品经济的基本方向，却不努力建设有明确法律规范的财产关系制度，那么，这样"搞活的市场"，除了不断使互相侵权和不当得利普遍化而产生混乱之外，是不能持续调动各方基于利益而产生的劳动、经营积极性。那样的"市场"最后多半会成为行政性大集中的跳板。

为了避免这样一种最不利的前途，必须在今后一个时期的农村工作中把组织创新、制度建设作为深化农村改革的中心内容来加以突出。包产到户八年实践的一切重要成果，只有建立起完备的土地承包制度、创业制度、企业制度、市场交易制度、金融制度等之后，才算真正巩固了。所有这些问题，都需要在深入调查的基础上开展持续的研究。

（作者系北京大学国家发展研究院教授）

◎责任编辑：汪义力

社区合作经济是新型农村集体经济的发展方向

⊙ 孙中华

　　发展新型农村集体经济，是近年来中央对深化农村改革和实施乡村振兴战略提出的一项重要任务。2016年，《中共中央国务院关于稳步推进农村集体产权制度改革的意见》提出，"科学确认农村集体组织成员身份，明晰集体所有权关系，发展新型集体经济"，这是中央文件中首次提出"发展新型集体经济"。2018年，习近平总书记在中央政治局第八次集体学习时指出，"要把好乡村振兴战略的政治方向，坚持农村土地集体所有制性质，发展新型集体经济，走共同富裕道路"。贯彻落实好中央关于发展新型农村集体经济的要求，需要从理论上弄清楚什么是新型农村集体经济。

　　我国农村集体经济发轫于20世纪50年代的农业合作化运动，历经互助组、初级社、高级社、人民公社，再经过家庭联产承包、乡镇企业发展，逐步演变形成。目前对有关农村集体经济（包括集体所有制、集体经济组织）的权威定义见于两个方面：一是法律规定。《宪法》第八条规定，"农村集体经济组织实行家庭承包经营为基础、统分结合的双层经营体制。农村中的生产、供销、信用、消费等各种形式的合作经济，是社会主义劳动群众集体所有制经济"。《宪法》第十条规定，"农村和城市郊区的土地，除由法律规定属于国家所有的以外，属于集体所有；宅基地和自留地、自留山，也属于集体所有"。二是政策规定。《中共中央国务院关于稳步推进农村集体产权制度改革的意见》明确，"农村集体经济是集体成员利用集体所有的资源要素，通过合作与联合实现共同发展的一种经济形态，是社会主义公有制经济的重要形式"。从以上规定可以看出，农村集体经济即集体所有制经济包括两种形态：一是利用集体所有的资源要素形成的经济，二是农村中各种形式的合作经济。

从理论与实践相结合的角度出发，笔者认为，新型农村集体经济是在原有农村集体经济基础上的创新和发展，首先表现为对集体所有的经营性资产实行确权到户和股份合作制改革后形成的新的集体所有制经济，同时还应包括目前农村蓬勃发展、广泛存在的基于非集体所有资产形成的各种合作制经济。后者是新型农村集体经济的重要组成部分，不应被忽视。与专业合作经济相比，社区性合作经济更具方向性，理应予以重视。

新型农村集体经济首先表现为产权制度改革后形成的新的集体所有制经济。2016 年以来，以推进经营性资产确权到户和股份合作制改革为着力点的农村集体产权制度改革工作进展顺利、成效明显，农村集体资产全面摸清，农村集体经济组织成员全面确认，经营性资产股份合作制改革有序推进。经过改革，初步解决了以往一些地方存在的集体经营性资产归属不明、经营收益不清、分配不公开、成员的集体收益分配权缺乏保障等突出问题，促进了新型农村集体经济发展。2019 年，全国村集体总收益达到 2020.5 亿元，超过 42.3% 的村集体收益达到 5 万元以上，成员人均分红 94 元。但也应看到，这一轮改革只针对集体所有的经营性资产，新的集体经济虽然得到了发展，但总体上处于规模小、实力弱、区域差别大的状况。从全国看，农村集体资产村均 816 万元，主要以非经营性资产为主，且地区间、村庄间差距较大，东部地区集体资产占全国集体资产的 65%，14% 的村占有全国 75% 的集体资产。从各地实践看，集体经济发展较好的主要是城郊村资源出租、物业经济和资产使用权入股，而在工商业等行业竞争力明显不足。2019 年全国农村集体成员人均分红只相当于当年人均可支配收入的 0.6%。这一形态的集体经济的发展，在乡村振兴中任重道远。也就是说，对于大多数村庄而言，如果将发展新型集体经济的目标仅限于占有与使用资源要素有限的这一形态的集体经济，新型集体经济则难以发展起来。

合作经济是新型农村集体经济的重要组成部分，不应被忽视。目前，不少人将合作经济与集体经济割裂开来，没有把合作经济当作集体经济来看待，这显然不符合宪法规定，更重要的是不利于新型集体经济发展。前面已提到，宪法规定："农村中的生产、供销、信用、消费等各种形式的合作经济，是社会主义劳动群众集体所有制经济。"宪法之所以这样规定，是因为从本质上看二者是一致的，即资源要素的共同占有与使用；所不同的只是，合作经济共同占有与使用的资源要素属于合作成员个人所有，集体经济共同占有与使用的资源要素属于集体成员共同所有（其实最初也是属集体成员个人所有的）。从实践上看，多年来各种类型的合作经济得到了快速发展，促进了农业农村经济发展和农民增收。特别是，2007年农民专业合作社法实施以来，农民专业合作社蓬勃发展，已成为新型农业经营主体和现代农业建设的中坚力量。到今年4月底，全国依法登记的农民专业合作社达到225.9万家，辐射带动全国近一半的农户。同时，社区性、综合性特色明显的生产、供销、信用"三位一体"合作社、土地股份合作社、党支部领办合作社等也得到快速发展。各种合作经济的快速发展，集聚和盘活了农村资源要素，办成了一家一户办不了、办不好的事情，极大地丰富了农村集体经济组织统分结合的双层经营体制内涵。

社区合作经济是农村新型集体经济的发展方向，理应予以重视。目前虽然农民专业合作社得到快速发展，但专业合作既有优势，又有不足。它的不足主要表现为加入合作社的成员农业生产规模小、商品量少，使得这些小农户加入合作社、参与合作社管理的积极性并不高，领办人难选，民主管理难执行，盈余返还几乎谈不上，不少由企业、大户来领办和操控。专业合作社要办得好，有效率、有竞争力、有生命力，关键是加入合作社的成员生产规模大、商品量多，跟合作社的利益联结得紧，特别是大家能够联合起来一起搞农产品加工。目前看，在家庭农场基础上发展专业合作，具有旺盛的生命力和广阔的发展前景。当然，基于人多地少的国情农情，扩大家庭农场生产规模是一个长期过程。今后，要更加重视社区性综合合作，即"三位一体"合作、土地股份合作、党支部领办合作社等。它们的生命力建立在小规模生产的农户和农民村落聚居的基础上。这种综合合作不仅有农业生产领域的合作，还有其他行业的生产和经营上的合作，更重要的还有生活服务和社区管理领域的互助合作。山东烟台、商河等地党支部领办合作社的做法，就具有将集体经济与合作经济融为一体的特点，是一种新型集体经济：一是盘活了集体所有的资源要素；二是集聚了农户分散拥有的资源要素，包括承包土地、资金、劳动力等。这与原来的人民公社体制有着根本不同：资源要素的所有权不变，但为合作社共同占有与使用。在这样一个社区的范围内开展综合合作，有利于发挥基层党组织的领导核心作用和善于组织农民的制度优势，也有利于实现共同富裕。其实，农村改革初期，中央就提出了发展社区合作经济的要求，并明确了社区合作与专业合作的不同。《中共中央关于一九八四年农村工作的通知》提出："为了完善统一经营和分散经营相结合的体制，一般应设置以土地公有为基础的地区性合作经济组织。这种组织，可以叫农业合作社、经济联合社或群众选定的其他名称；可以以村（大队或联队）为范围设置，也可以以生产队为单位设置……""此外，农民还可不受地区限制，自愿参加或组成不同形式、不同规模的各种专业合作经济组织"。中共中央文件《把农村改革引向深入》中明确提出："乡、村合作组织主要是围绕公有土地形成的，与专业合作社不同，具有社区性、综合性的特点。"在今天乡村振兴的背景下，更要高度重视社区合作经济的发展，将其作为新型集体经济的发展方向和主要形式。

对于如何发展新型农村集体经济，涉及的方面很多，在此仅从完善立法方面提出一条建议。2016年《中共中央国务院关于稳步推进农村集体产权制度改革的意见》提出："抓紧研究制定农村集体经济组织方面的法律。"2019年中央一号文件提出："研究制定农村集体经济组织法。"为落实中央要求，中央有关部门成立了农村集体组织法起草领导小组，目前已形成了《农村集体经济组织法草案（初稿）》。农业农村部于2020年11月印发了《农村集体经济组织示范章程（试行）》。这部法律的制定，事关新型农村集体经济和中国特色农村合作经济的发展方向，意义重大。建议该法将社区合作经济作为新型集体经济的发展方向，将社区合作经济组织作为集体经济组织的主要组织形式，将"民办、民管、民受益"的合作制基本原则作为集体经济组织的主要管理原则。如能将该法名称改为"农村社区合作社法"，则更为贴切（与农民专业合作社法一起，共同为开创具有中国特色的农村合作经济发展道路提供法律保障）。

（作者系中国合作经济学会会长）

◎责任编辑：汪义力

小农户衔接现代农业面临的困境与对策

⊙ 辛贤

党的十九大报告和 2018 年中央一号文件中都将实现小农户和现代农业有机衔接，作为推动农业现代化进程、实现乡村振兴的重要手段。只有发挥小农户生产的优势，弥补小农户在生产经营上的弱点，保护小农户的基本利益，才能促成小农户与现代农业的充分融合，更快实现我国农业现代化。

为了解当前我国小农户融入现代农业的情况，中国农业大学国家农业农村发展研究院于 2017 年暑假和 2018 年寒假期间组织师生对十二个粮食主产省（黑龙江、吉林、河北、河南、山东、江苏、陕西、四川、安徽、湖南、湖北和广西）和三个非主产省（浙江、甘肃和山西）进行了专题调研，调研涉及 214 个行政村，共获得 4200 余份农户问卷及 300 余份访谈资料。

调研发现，当前小农户衔接现代农业有现实困境，只有妥善解决这些问题，才有助于推动乡村振兴战略的实施，也才能解决农村内部不平衡不充分发展的问题，才有可能不拖全面实现农业农村现代化的后腿。

一、当前小农户农业经营的基本问题

1. 小农户普遍反映种地不挣钱，不愿意种地。

绝大多数小农户表示知道了国家要下大力气实施乡村振兴战略，但是小农户普遍反映："国家重视是好事，但好光景离自己太远了。"存在这种心态的主要原因是农民普遍感觉"种地不挣钱"。

这种情况无论是在粮食主产区还是非主产区都很明显。以粮食主产区为例,根据我们测算,在黑龙江和吉林等一季作区,若不考虑地租和人工成本,小农户种植玉米每亩可获得利润约 300 元,种植水稻可获得利润约 1000 元;但如果再将地租考虑在内,种植玉米则出现亏损,种植水稻的利润也仅有 500 ~ 700 元;若再考虑 300 ~ 500 元的人工成本,小农户基本就无利可图了。在两季作区,仍然以种植小麦和玉米为例,若不考虑地租和人工成本,小农户可获得利润分别为:山东 1137 元、河北 981 元、河南 937 元、安徽 846 元、江苏 766 元;若将地租考虑在内,则种植利润分别为:山东 597 元、河北 314 元、河南 384 元、安徽 3 元、江苏 41 元;若再将人工成本考虑在内,农户仅有微小利润甚至亏损。

在非粮食主产区,以甘肃葵花种植户为例,一年种一季,一亩地产量 300 斤(好的年景产量 500 斤左右),一斤卖 2 元,一亩地毛收入 600 元。投入种苗平均费用 120 元 / 亩,化肥 150 元 / 亩,农膜 60 元 / 亩,农药 40 元 / 亩,水电及灌溉 210 元 / 亩,机械作业(主要是耕地和收获)200 元 / 亩等,这些成本已经达到 780 元,入不敷出,还不包括农民自身劳动力投入和土地成本。因此,农民普遍存在"其实我们都不愿意种地了,不挣钱"的感受。

2. 土地流转心态复杂,呈现两极分化趋势。

从调研情况来看,小农户对于土地流转的态度主要呈现出两种截然不同的情况,一种是即使不挣钱也不愿意流转,一种是非常愿意流转。以河南省濮阳市为例,当地机械化程度较高,小农户大多将耕地和收获环节外包,其余环节自己完成,只有实在无法种植的情况才选择流转。虽然小农户普遍反映种地不赚钱,但仍感觉自己种要比承包出去只收地租强,心里也踏实,因此不愿意将土地流转出去。此外,部分农民把土地视为养老保障的主要来源,不敢流转、不愿流转、不肯流转。即使有了其他收入来源,宁愿粗放经营自己的责任田也不愿流转家中的土地。

在经济较为发达的东部沿海地区和农业更为发达的北方部分地区,小农户对于土地流转态度较积极,对转入土地的需求也比较旺盛。从我们调研的情况来看,53% 的大户打算在三年内继续扩大规模,10.7% 小户也打算在三年内扩大经营规模,这说明转入土地的需求还是比较强烈。但是,小农户普遍存在地块分散的情况,一家 5 ~ 6 块地的情况还比较普遍,导致流转困难和不彻底,所以造成了"大户要地要不着,小户想租租不出去"的两难境地。此外,根据我们的调研,从最近五年的情况来看,全国新型经营主体盈利者的比例不到七成,只有 67.8%,32.2%

的新型经营主体在农业经营中处于亏损状态，数量接近 1/3。因为亏损而经营不下去的大户频繁出现"跑路"现象，尤其是从外乡到本地的大户。出租土地的农户拿不到租金，又经常错过农时，于是开始又对土地流转产生抵触心理。

3. 小农户对机械服务的需求基本已经满足，对其他环节的社会化服务整体需求较低。

从调研中我们了解到，农户在生产过程中对机械服务的需求基本已经满足，尤其是在耕地和收获两大环节，如在北方平原地区，无论大户还是小农，大宗粮食作物的种收环节基本已经实现机械化。当地提供机械服务的主体既有专门从事机械化耕收的个体，也有已购置机械的大户、合作社等。

而在除耕地和收获以外的其他环节，小农户对社会化服务的需求普遍较低。主要原因在于：

一是土地地块不大，种苗和农资购买、播种、植保、晾晒等完全可以通过一家之力或邻里间互帮互助完成，所以对这些环节的大规模、跨区域的社会化服务需求很低。在安徽、四川、浙江等地，每户只有大约 3～5 亩地，小农户都可以自己干，而不需要购买专门的服务；有些山地、丘陵地带也影响社会化服务的推广。例如，在四川大巴山区，小农户听说过的社会化服务仅有收割和化肥购买两项，其余社会化服务的内容甚至从未有所耳闻。

二是购买社会化服务的成本高。根据我们调研数据的推算，如果小农户购买耕种收环节全套社会化服务，每亩成本将达到 600 元，大大压缩了小农户的利润空间。因此对于普通小农户而言，即便社会化服务供给条件齐全，但由于购买社会化服务带来的节支增收效益没有吸引力，他们额外付费购买这些服务的意愿自然不高。

三是由于大宗粮食作物对于种植技术的要求不高，进入行业的门槛低，农户依靠自身已有的种植经验即可生产经营，所以对新品种、新农资、新技术的需求也普遍较低。

另外一个突出问题就是，尽管小农户对产前和产后的社会化服务需求低，但是他们的需求仍然难以得到满足。其中，在产前环节，小农户对介绍贷款、信用证明、信贷担保方面的满足率分别只有 33.9％、34.4％、35.6％，均在三分之一左右；而大户在这三方面的需求满足程度分别为 70.7％、77.1％和 71.8％，均超过了三分之二。在产后环节，小农户需求满足程度较低的分别为市场信息、晾晒烘干及粮食仓储服务，满足率分别只有 30.1%、34.9% 和 45.7%，而大户在这三方面的满足率分别达到 65.2%、50.0% 和 62.5%。

4. 大户普遍不愿意帮助和扶持小农户。

在目前日益激烈的市场竞争中，小农和大户之间存在直接利益冲突。调研发现，这种竞争关系使得部分大农户不愿意在生产经营中对周围小农户积极予以扶持和帮助，对自家的技术和购销渠道普遍有所保留，大户普遍存在"帮助别人富裕会使自己变穷"的思想。小农户对此也表示普遍理解，说"换成我是大户，我也会这样干"。

二、促进小农户和现代农业有效衔接的政策建议

我国小农户家庭经营小而散的问题突出，且在未来一段时间内仍然面临诸多挑战，应该积极挖掘小农户的潜力，采取有效措施完善小农户与现代农业的衔接。

1. 在鼓励农业规模化发展过程的同时，一定要给小规模户创造更加积极有利的发展机会。

调研结果表明，近几年地方政府在鼓励农业规模化发展过程中，普遍采取了偏向大户发展的政策支持，频频出现各种支持"垒大户"的现象，不但没有给小规模户创造更加积极有利的发展机会，反而造成更多发展机会不均等问题，为农村内部收入差距的拉大起到了推波助澜的作用。从调研结果看，规模户与小农户之间收入差距正在拉大，全国范围内大农户和小农户的年收入差距普遍超过了3∶1，部分地区达到了 4.5∶1。从我们近 6 年的调研情况来看，随着大户农业经营规模的上升，其收入增长的速度和数量都显著高于小农户，意味着发展规模化经营的过程中，大户与小户之间收入差距正在持续拉大，形成农村内部新的不均衡。

目前，各地农业补贴政策明显倾向于较大规模的经营主体，形成了大农户和小农户事实上的不平等。建议国家和相关部门出台系列专门扶持小农的政策措施。

2. 支持和鼓励农户自愿互换承包地，更新土地承包合同。

针对农户土地细碎化影响流转的问题，国家和地方应鼓励和支持农民在自愿的基础上互换承包地，在农户范围内实现土地的集中连片，并颁发新的土地承包

合同证书，确保互换土地后的合法性和稳定性，促进小农户土地流转。

3. 拓宽针对小农户的农业社会化服务的范围和形式，刺激小农对发展现代农业的需求。

社会化服务在辐射普通农户时存在地块不连片、不规则，种植产品不一致等问题，许多社会化服务难以对零散的普通农户开展，比如在一些丘陵地区，田间路系、水系等基础设施未达到完全机械化的要求，一些土地无法接受农业机械化服务，所以在客观条件的限制下，部分小农户无法享受农业生产社会化服务。要增加社会化服务的供给，单一服务主体的能力往往有限，覆盖面较窄，多元化组织形式可以发挥各主体的优势，不同地区可以因地制宜，采取适当的服务形式，及时满足小农户的各类服务需求。此外，政府可以考虑在作业环节实施补贴，降低小农户使用社会化服务的成本，从而刺激小农的隐性需求和增加社会化服务的提供。

4. 充分发挥专业大户的带头作用，积极带动小农与现代农业的衔接。

针对大户不愿意扶持周围小农的现象，建议在对大户进行的各种政策扶持过程中，增加扶持带动小农的限定性条件。此外，大户因经营亏损出现的"跑路"现象容易导致流转土地农户的农业生产受损和收入下降，甚至引发社会冲突，建议设立土地流转风险保障基金，并对涉及农户数量过多的超大规模经营户进行风险管理。

（作者系湖南师范大学中国乡村振兴研究院专家委员、中国农业大学副校长）

◎责任编辑：汪义力

乡村价值、衰落与振兴

⊙ 朱启臻

　　乡村的命运是一个沉重的话题，中国乡村消失的速度令人惊悚，20 世纪 90 年代初，中国的行政村维持在 100 万至 101 万个；2017 年底全国行政村总数为 691510 个，减少了 30 多万个。自然村减少得更快，2005 年，我国尚有自然村 360 万个，到了 2017 年只剩 261.7 万个，平均每天消失 224 个，且有加速消失的趋势。为了遏制乡村的衰败，促进城乡和谐发展，同步奔小康，中共十九大提出乡村振兴的伟大战略，强调三农工作是全党工作的重中之重。2021 年又启动实施乡村建设行动，旨在建设美丽乡村，构建新型城乡关系。在此背景下，我们有必要回答这样的问题：乡村存在的必要性，乡村为衰败的原因，如何才能振兴乡村？

一、乡村具有不可替代的功能

　　远古时期，人们靠采集和狩猎生存，是没有村落的，游牧生活也不需要村落。只是农耕文明产生后，人们要定居下来从事农业生产，才诞生了村落。村落在其漫长的成长过程中，发展出来一系列不可替代的功能。

　　首先，乡村具有独特的生产与经济功能。乡村正是围绕乡村生产而成长起来的，比如村落建在离耕地最近的地方，不仅方便农业产生，还有助于维持种养结合的循环农业模式，维系村落生产与生活之间的有机循环。又如，村落由一个个农家院落构成，为乡村生产提供了独特的空间，农家院落不仅可以种瓜种豆，发展家庭养殖业，也是编制、酿造、食品制作等乡村手工业得以存在的空间保障。以至于形成了庭院经济这样特殊的经济类型。乡村院落还发展出存放农具、粮仓、菜窖等贮存农业收获物的功能，还有晾晒功能，在村落里可以随处看到码放整齐的金黄色玉米垛、挂在树上和屋檐上的红辣椒，用线绳串起来灯笼似的柿子，院落中拉起一条绳子就可悬挂要晾晒的农产品。村落里的晒秋图常常成为艺术家青睐的景观。现在乡村发展融合产业，也离不开村落这个最为重要的融合要素。无论是农业产业链延伸，或农业功能拓展，村落都是其基本单位。离开村落，乡村景观、休闲、体验、教育、度假、养老、农家乐等产业就会黯然失色。实践中，一些地方由于不懂得乡村的生产功能，不懂得乡村与乡村产业的密切关系，违背"近地原则"，使农民无法耕种土地；消灭农家院，庭院经济随之消亡；没有了村落，也就不可能培育出家庭工厂、乡村车间、手工作坊传承乡村手艺。以至于一些地方出现建设了"美丽乡村"，却使农民丧失生计的现象。

其次，乡村具有生态与生活功能。传统乡村本身就是生态的，民居建造就地取材，取之于自然回归于自然。天人合一的理念体现在乡村生产生活的方方面面，可以说是乡村为人们理解生态文明提供了理念模板。乡村是实现种养循环以及村民生产与生活循环的重要节点，因此，村落是农业可持续发展和乡村资源综合利用得以实现的重要条件。人们尊重自然、敬畏自然、合理利用自然的信仰，维系着人与自然的和谐，凝聚了劳动人民的生存智慧。在生活方面，因农民的多种需要而维系了农业生物多样性；自给性消费方式，减少人们对市场的依赖；与大自然节拍相吻合的生活节奏，被认为是有利于身心健康的生活方式；低碳的生活理念和行为构成了乡村独特的生态系统和生态文化。乡村也是宜居的，有坐落于青山绿水之间的怡人村落环境，有舒适的民宅，还有和谐的邻里关系与群体闲暇活动为人们带来的精神愉悦；所以，乡村被认为是理想的养生、养老、养心社区。在乡村建设实践中如果忽视乡村生态功能，盲目模仿城市建设模式，会导致循环利用中断，垃圾问题凸显，污染加剧，还会引起乡村人与环境、人与资源问题突出等问题，解决这些问题，需要从村落的生态文化中寻找智慧。

其三，乡村具有文化与教化功能。我们常说，乡村是文化的宝库。乡村文化不仅表现在山水风情自成一体，特色院落、村落、田园相得益彰，更重要地表现在乡村所具有的信仰、道德，所保存的习俗和所形成的品格。包含了诸如耕作制度、农耕习俗、节日时令、农业信仰、地方知识和生活习惯等农业文化，也包括了地方戏曲、故事传说、乡村手工艺等民间文化；同时积淀了诸如尊老爱幼、守望相助、诚实守信、邻里和睦、勤俭持家等优秀传统，是乡风文明建设重要的文化资源。

乡村也是传统文化的载体。传统文化就保存在村落形态、院落结构、村落标志性建筑以及村民的生产与生活方式之中。乡村特殊空间结构以及乡村文化使乡村成为一个天然的教化空间，承担着对村民行为的引导、规训与教育功能，让人们在不知不觉、潜移默化之中达事明理，明辨是非善恶。农事活动、熟人交往、节日庆典、民俗习惯、地方经验、民间传统、村落舆论、村规民约、示范与模仿等都是维系村落价值系统的重要载体，不断塑造和强化着人们的行为规范，而且是以润物无声的形式深入人们的内心世界，内化为行为准则，是实现乡村有效治理的重要资源。

二、导致乡村衰落的因素及其后果

既然乡村有如此多的功能，又如此重要，为什么乡村会快速消失和衰败呢？其实，乡村并不是必然衰落，而是由多方面原因促成的，其中体制机制、政策引导以及各种人为因素是乡村衰落的主要原因。梳理影响乡村发展的障碍因素，有助于探索乡村振兴的有效路径。

二元城乡结构与单向城镇化是导致乡村衰败的首要因素。计划体制时期，城乡分割二元体制，大量基础设施、公共服务集中投入城市，乡村为城市建设提供积累，农民被紧紧束缚在土地上，城乡之间形成了一道人们难以逾越的鸿沟，是当时乡村贫困的重要原因之一。改革开放后，农村家庭经营制度确立，使农民获得了一定程度的选择自由，解放了乡村生产力，特别是劳动力流动就业，为农民创造了更大范围的就业空间。但是，长期以来形成的城乡分割体制并没有被打破。几十年来，对农民的就业限制没有得到根本的改变，尽管很多农民已经进城就业几十年，依然被贴上"农民工"身份标签，导致了农民工"既融不进城市，也回不了乡村"的尴尬境地。随着城镇化和工业化的发展，城乡关系又走入了另一极端，即单向城镇化。各种力量集中指向让农民放弃耕地、宅基地，进厂务工、进城购房。以城市发展为中心的城镇化政策导向，导致乡村人才、资金、土地指标、资源与信息向城市单向度集中，像一个无形的"抽水机"，把乡村的各类优质资源源源不断抽送到城市。直接导致的是乡村价值失位，乡村文化被漠视，农村独有的社会结构被消解。

乡村基础设施和社会服务严重滞后是乡村衰败的又一个重要原因。一些地区乡村道路不通、饮水缺乏保障，信息网络设施不完善，医疗卫生设施落后，厕所脏乱臭等难以为年轻人所接受，成为年轻人离乡离土倾向的重要因素。特别是乡村学校的撤并，初衷是因为乡村儿童数量减少，难以撑起一所像样的学校，因此为了让乡村儿童接受更"优质教育"，就只能让他们离开乡村，到镇里或者县城更好的学校去读书。且不论这样的"好心"能否得到决策者想象的那样的好结果，这个做法到了基层就变成一些地方"胁迫"老百姓"城镇化"（实际上是要农民到城镇买房子）的手段。最露骨的口号就是：小手拉大手，促进城镇化。其逻辑就是先撤销乡村学校，把学校搬到城镇，利用中国人望子成龙的社会心理，选择放弃乡村，进城买房子。在乡村调查发现，很多年轻人全家离开乡村，最主要的原因是为了孩子读书。这样，乡村衰败成为撤点并校的理由，撤点并校又反过来成为乡村进一步衰败的原因，形成了恶性循环。

当然，乡村就业难和低收入被认为是导致乡村衰败的重要因素。农民的农业收入长期在低水平徘徊，种地一年不及一个月外出打工收入，自然"人往高处走"。一些地方由于对农业特点认识不清，盲目推动土地流转搞所谓规模性经营，崇尚把农民变成既拿地租、又挣工资的农业工人，热衷于通过土地流转搞"招商引资"式的规模经营，或以种种理由迫使农民把土地流转给所谓"大户"，把农业变成了排斥农民的产业。这一做法，既威胁了国家农业安全，也损害了农业投资者，同时伤害了农民的根本利益。农民拿着地租，或外出打工，或无所事事，成为游离乡村外的边缘人。农民失去土地的同时，也失去了在乡村的主体地位，失去了对农业生产的支配和参与权利，自然也就失去了发展农业的积极性、主动性和创造性，客观上加速了乡村的萧条和衰败。

除此之外，乡村消失的动力还来自于地方政府的推动，其中最为典型的就是"拆村并居"，不少地区制定了拆村的宏伟规划，为了获得建设用地指标，强迫农民上楼。可以说，对乡村价值认识的缺陷，已经成为乡村消失的主要因素，是当前乡村振兴的最大障碍。城镇化依然是当今中国社会发展的主要趋势，但城镇化并不是要以消灭乡村社会为代价。中国几千年农业文化孕育了灿烂的中华文明，乡村作为文化载体，蕴含着五千年文化基因和密码。如果我们简单套用单向城镇化思维模式对待乡村，就会促进乡村衰败，瓦解其应有的社会功能。正确的做法是补齐乡村建设短板，破除阻碍乡村发展的一切障碍，增加乡村振兴的制度供给，真正让农业成为有奔头的产业，让农民成为有吸引力的职业，让农村成为安居乐业的美丽家园。

三、乡村振兴路径及未来前途

乡村作为农民生产与生活的空间是在不断发展变化的，有些乡村消失也是必然的。那些缺地少水、生态恶劣的乡村，那些不断受到地质灾害威胁的村落，那些一方水土难以养活一方人的地方，人们或自然地离开，或在政府的帮助下整体撤离，这样的村落就消失了；另一种消失的情景是城镇的扩张，把本来的乡村划入了城市，乡村生活变成了城市生活，乡村居民变成了城市居民，乡村自然也就不存在了。今天，很多"城中村"，其实不再是任何意义的乡村。除了这两类村庄，大量的村庄应保留下来，因为它们适合居住，因为从事农业生产离不开村庄，也因为城市和乡村具有不同的功能，满足不同的需要。有些村庄可能人口减少了，房屋闲置了，甚至"空壳"了。这没什么不好，恰恰为留在乡村发展的人们提供了更大的发展空间。人们不是常说人多地少是制约农民增收的障碍吗？如今，有人走了，就为适度规模的家庭农场的形成创造了条件。一个村三分之二的人口进城了，剩下三分之一因为占有了更多的资源，会生活得更好，不能以此为借口拆除乡村，要知道拆除一个村庄，就会荒芜一片土地，拆村庄的结果会拆出未来无人种地的危机。

党中央高瞻远瞩，十九大提出乡村振兴的伟大战略，无论从经济、政治、社会、文化哪个方面，还是从农业安全、农民福祉、新型城乡关系哪个角度，保护好乡村、建设好乡村都不容置疑。十九届五中全会进一步明确要优先发展农业农村，全面推进乡村振兴。坚持把解决好"三农"问题作为全党工作重中之重，要推动形成工农互促、城乡互补、协调发展、共同繁荣的新型工农城乡关系。

如何才能实现乡村振兴？首要的是要有振兴乡村的人才；谁能够振兴乡村？当然是乡村主人自己振兴自己的乡村。但是，乡村仅依靠留守老人是难以实现振兴的。因此，培育新型经营主体至关重要。习近平总书记明确指出，乡村振兴要突出培养两类主体，合作社和家庭农场，而不是其他主体。一方面，建设适度规模的家庭农场可有效激活乡村发展的微观动力。所谓家庭农场，就是以家庭劳动力为主要劳动力的农业生产经营单位。家庭农场规模是适度规模经营的典型表现形式，也是高素质农民得以存在的有效载体。家庭农场充分体现农民的主体地位，可以有效克服农业生产过程中农民主体地位弱化的问题，激发农民农业生产的内生动力，充分发挥农民生产的积极性、主动性和创造性。实施乡村建设行动要努力优化适度规模家庭农场形成的政策和制度环境，培育充满活力的家庭农场是乡村建设行动的重要内容和基础工作。另一方面，合作社被证明是最适合农业和农民特点的高级组织形式。农户和家庭农场存在的诸多问题，只有通过合作社这一更高层次的合作来解决。提高农民的组织程度是乡村建设行动最富有挑战性的工作之一。

谁可以成为家庭农场主或合作社的带头人？正在从事农业生产的大户及其子女最有条件。不仅因为他们有承包地做基础，也因为他们具有丰富的农业生产经验和农业情怀，支持他们从农户变成家庭农场，成为稳定的农业经营者且后继有人，是中国农业可持续发展和乡村振兴的基础条件。

乡村新型经营主体的培育应该是开放的，凡是有条件、有能力的人愿意到乡村为农业和乡村现代化做出贡献，都应得到鼓励和支持。他们可以是返乡的农民工、大学毕业生、退转军人、有农业情怀的市民以及告老还乡的乡贤等。乡绅制度植根于乡土社会，告老还乡是中国乡村传统，传统社会的乡绅作为体现儒家道德规范、实施知识教化的有威望群体，通过维护伦理、劝课农桑、纠纷调解、扶贫济困、协调村落公共事务等，保障乡村有秩序运行。在新时代背景下，新乡贤是指有资财、有知识、有道德、有情怀，能影响农村政治经济社会生态并愿意为之做出贡献的贤能人士。在目前乡村价值规范体系坍塌的情况下，新乡贤的核心作用在于凝聚乡邻，以道义整合利益，发展出在新时代下适应乡村发展的共享价值规范体系。因此，重塑城乡关系不是切断人们返乡的路，而是给包括市民在内的新乡贤下乡、返乡创造条件，使之成为乡村振兴的重要力量。各地的实践表明，只要有了人才，乡村衰败就可以得到有效遏制，乡村产业就可以兴旺，乡村文化就可以复兴，就可以把乡村建设成美丽幸福的家园。需要进一步完善城乡融合的体制机制，促进城乡发展要素在城乡间的合理配置。只有让有条件进城的农民融入城市成为真正的城市居民，才能为留在乡村的农民提供更大的发展空间，为下乡创业人才提供机会，为发展现代农业和建设美丽乡村提供条件。

（作者系湖南师范大学中国乡村振兴研究院专家委员、中国农业大学农民问题研究所所长）

◎责任编辑：汪义力

当乡愁遇到了乡村

⊙ 吴国强

又到春节，仿佛又听到游子回乡的脚步声。

当魂牵梦绕的家乡一旦呈现在眼前，总免不了乡愁与真实乡村的冲突与碰撞，多愁善感的游子们会留下无限的哀叹，真实的家乡远没有记忆中色彩斑斓、动人心弦，大多数读者应该不会忘记 2015 年春节互联网上广为流传的博士回乡日记和副教授回乡观感，2016 年春节后想必也会如此。是家乡变坏了或者是游子们的想象脱离了现实？

一、乡愁的演绎真相

乡愁是什么？诗意的解读五彩缤纷、多种多样，让人遐思无限但仍难抓住主旨。与其如此，不如实话实说。

乡愁是游子们过滤了的美好记忆。乡愁是游子们的专利，真正在乡的人是无所谓乡愁的，有的是"愁乡"——为柴米油盐酱醋茶生愁，为未来的生计和发展生愁。游子们既不在乡，又记挂着乡、回味着乡；"乡愁"中"愁"是关键词，"乡"只是用来"愁"的一种媒介和附着物。这种对乡之愁，既有理想的成分，也有现实的片段和因子。一是乡愁中的乡是过去的乡村。游子们或童年或青年在乡村生活，记忆中的乡村生活和文化已是过去时，与现在的乡村现实不是一回事。"少小离家老大回，乡音无改鬓毛衰。儿童相见不相识，笑问客从何处来。"说来诗人很幸运，只是家乡的儿童不认识游子，家乡的山水房屋大概没有变，但在今人这无疑成了奢望，日新月异是现代社会发展的速度和节奏，游子们离家多年，处于转型期的中国乡村，家乡已是面目全非了。人在变，环境也在变，家乡的名可能还是那个名，但乡已不是那个乡了。二是乡愁中的乡已被抽掉了痛苦的元素。心理学研究揭示，对于痛苦的记忆，随着岁月的流逝将逐渐减轻，所谓岁月抚平了伤痕就是这个意思。我们常常告诫年轻人不要忘本，其实忘本是人的天性。也正是因为忘本，人类才能卸下包袱轻装前行，生活在幸福之中。20世纪50、60、70年代出生的人，正是基于乡村生活挨饿受冻、生活无助，才怀着极强的动力冲向城市、逃离乡村，时过境迁，时光逐渐抹平了彼时的痛苦，留下的都是美好。但无论留下的乡村记忆是多么美好，记忆只是记忆，已经和现实的乡村越来越远了。那两位带着无限哀怨和伤感写回乡日记的博士和副教授，想必是把记忆中的乡村与彼时实际的乡村搞拧巴了，更是以过滤掉痛苦仅留美好记忆的乡村要求现实的乡村。岂有不哀怨和痛苦之理？

乡愁是游人现实希望的定向透射。一代文学巨匠钱锺书发现了人类社会的围城现象。围在城里的人想逃出来，城外的人想冲进去，对婚姻也罢，职业也罢，游戏也罢，人生的愿望大都如此。生活在城市，特别是大城市的人们，见惯了冷冰冰的高楼大厦、拥挤的交通，腻歪了飘散着雾霾的大气，烦恼了繁忙单调的生活，总有一种逃离城市、回到乡村的冲动，想象着能过上世外桃源般的生活，把充满绿色、空气清新、宁静和谐的希望定向投射于乡村。因工作或生活的羁绊离乡越久，这种定向投射就愈加强烈，愈加附带有个人的色彩成分。误以为幻想中的乡村就该如此，但幻想的现实终不是现实，现实的乡村并不以游人们的幻想而改观。

乡愁是社会的良知。乡愁是游子对家乡的眷恋和相思，无论经历了多少苦难、付出了多大的努力，在他乡有了多么辉煌的成就、显赫的地位和闲适的生活，总会想念着故土和故人，"报恩"的朴素情怀超越了功利主义的思维框架，延续了人类的美德。只有像刘阿斗这样的人才会乐不思蜀，当然项羽式的"富贵不还乡如锦衣夜行"已经超越一般意义上的故土情结，有太多的显摆意味了。爱之深则责之苛，个别游子对家乡的批评虽有些言过其实，但也能让人理解。

乡愁是部轻喜剧。乡愁是游子们共同的心结，是连接故乡与居住地、过去和现在的纽带。愁中的乡因各人过去生活的环境、生活状况和性格特质大相径庭，来自南国山区的游子绝不会有大漠孤烟直的乡愁，来自平原的游子也不会有层峦叠嶂山水间的乡愁。乡愁是游子编织的梦，越是看不到乡，往往把梦编织得越美好、越色彩斑斓。梦境一旦触及现实，五彩的梦立马万朵桃花开般地碎了一地。离乡越久，乡愁越甚，幻想的成分越多，失望越大。从这方面来讲，乡愁是部轻喜剧，注定以喜剧开头，以悲剧结束。正所谓终日思乡不是乡，真见乡时泪汪汪。

二、乡村的逻辑

乡村循着自己的发展逻辑，不会因乡愁而改变，不会因哀怨而变得灰暗，也不会因赞颂而变得亮丽。

乡村是柴米油盐生老病死交响曲。乡村不是伊甸园，不是世外桃源，而是仍留乡村人们的生活生产繁衍之地。生活要柴米油盐酱醋茶，要医院学校，要男婚女嫁。生活中有欢声笑语，也有悲欢离合。为了满足生活所需，要生产要参与市场交换，要培植产业寻找市场。在城镇化发展的大趋势下，大批青壮年农民进城打工经商，留在乡下的多是老人和妇孺，乡村空心化、老弱化，"人死了连抬棺的都凑不齐"，生活尚且不易，生产更难。

乡村是支艰难发展的歌。城市在发展，农村也要发展。城市的区位、政策和集群优势源源不断地对农村资本、资源、人才和人力资本产生着虹吸效应，使本已贫瘠的乡村越发尴尬，缺人才、缺人力、缺资金连带着缺文化。笔者去年在西部民族地区工作时，切身体会到发展的艰难。一个山村修建出村的公路，政府出沙子水泥，村里按照"一事一议"投工投劳，村民积极性非常高，在外打工的以资抵劳请人代工，一群老人妇女孩子在热火朝天地施工，场面既感人又令人凄楚。乡民们在内心深处蕴藏着强烈的发展意识，只要有大家信得过的人出头，愿意出钱出力出汗，但村里可动员的精壮劳力实在太少。近几年实施城市反哺农村、工业反哺农业的国家战略，政府对乡村的投资增加了，但基层干部们仍感到工作困难重重，表面上看基层亏空太大，方方面面都要钱，政府给的钱远远不足；实质上是，青壮年劳动力枯竭，人心散了，有的户多年与家乡失去了联系，名义户籍在村里，人却找不到，村里会议没法开，一事一议发展公益事业难以推进。

乡村是冲突和矛盾的高发区。凡是有人的地方就有冲突、有矛盾。越是贫困落后的地区争夺有限资源的冲突也越为激烈，仓廪实而知荣辱，为生存和吃饭而产生的冲突远比改善生活提高品质的冲突激烈得多。在城乡冲突和资源争夺中乡村处于劣势的大背景下，乡村内部对有限资源的争夺要激烈和暴力，结果越显得残酷。经济层面的冲突必然带来基层社会治理结构和文化的改变。个别落后地区乡村黑恶势力开始渗透基层政权，农村社会治理环境趋于恶化，鸡鸣狗盗、欺男霸女时有发生，正是这种冲突的内在表现。对比一些经济文化较为发达的地区乘势建立了新型农村治理结构，公共服务在农村的比重提升，农村逐渐社区化。就会明了正是城乡竞争、区域竞争使落后的乡村经济低速发展，由此加剧了乡村的矛盾和冲突。

乡村正在裂变和重塑。当今的乡村正处千年未有之大变局，表现之一是工商资本大幅度上山下乡进入农业，新型经营主体逐渐兴起，自给自足的小农户已经难以存在，正在变为工商资本的打工者和原材料的提供者；表现之二是乡村文化已成为城市文化的追随者，逐渐向城市看齐，邻里相助相帮的劳务交换关系已经被市场经济的货币交换关系所代替，自家制作的年货已经被城市超市的商品代替，山野风味的民间演出已经被流行歌曲和广场舞代替；表现之三是农村住宅、医院和学校等有限的公共设施必须要重新规划，无论从方便居民的生活生产和提高经济效率上看都要如此。固有的乡村模式守是守不住的。

三、乡愁与乡村的碰撞

乡愁与乡村是从同一起点出发的两条线，相交又不会完全重合。既如此，冲突与碰撞是所必然。

在游子的乡愁中无数次播放着乡村的画面：青山绿水、小桥流水；农家院落、家庭和睦、宁静和谐、邻里相助。可现实却可能是：环境已遭污染，宁静不再；农家院落已被高楼代替，邻里相帮已被金钱买卖所代替。对此，游子们可能很愤慨，但当地村民们却未必赞成。村民们更愿意看到的是丰衣足食，收入增加；问一问乡间的老人们，大多的回答是，比起衣不蔽体、食不果腹的日子，现在好多了，满意度和幸福感还是挺高的。对于游子们赞赏有加的，当地村民未必买账。有则小段子挺有现实意义。有位游子对云南某处的原始森林大加赞赏，对当地的村主任说："你们一定好保护天然的原始森林不遭破坏。"村主任说："我们要都还是猴子住在树上，你们就更高兴了。"瞧瞧，村主任的话多耐人寻味。同样一件事，游子们感受到的是美丽风光，要保护；当地的村主任却想的是现实的经济收入，村民的衣食住行的经济来源。无独有偶，笔者接触的一些地方的领导就对"乡愁"中的"保护"颇不以为然："这也保护那也保护，保护要花钱，我们就别吃饭了。"想来还是马斯洛的需求层次论高明，吃饭穿衣的需求远比享受休闲的需求重要。当落后地区的群众尚且为解决温饱和基本生活必需品而发愁的时候，要他们饿着肚子保护环境美化环境是多么不合时宜。

乡愁中的哀怨大都来自于游子的主观感受，把自己的感受当成了村民的感受。其实，经济地位、所处环境不同，导致了不同的需求层次，游子与村民的主观感受早已大相径庭。

四、转化乡愁

乡愁不该只有哀怨，只有指责和抱怨。怨妇般的指责和抱怨也许引来同情，但却于事无补，无助于现实的改变。平心而论，当年游子们离开乡村，除了响应国家的召唤实现个人价值的堂皇理由，何曾不带有逃离乡村的个人私利，包括自己在内的一批乡村精英离开了，怎能希望留守的老弱病残把家乡建设好。己所不欲，勿施于人，这种想法是何等的可笑。从我做起，把哀怨的乡愁转化为支持建设和发展的乡愿才是正途。

平视乡村。乡村不缺文明，乡村自古就是文明的发端。乡村文明的衰落只是出现在近代，当城镇化的进程大大加快，相对城市文明、工业文明和商业文明的大放异彩，农村文明和农业文明逐渐式微了。平视乡村，综合乡民的视角和发展的需要思考问题，而不是居高临下地指点乡村，才能发现乡村发展的症结，把乡愁转化为建设的力量。

正视变化。乡村的变化是发展的必然，没有人能够改变历史的潮流。变化中又破又立，散乱的农家院落和碎片化的小块田园已难以适应大生产大市场的需要，不必固执于乡愁记忆中的布局，重新规划势所必然，核心是方便生产和生活，能够看得见山、望得见水。

支持乡村。现在的乡村已不是封闭的乡村，互联网的无形高速公路与现实四通八达的路网水网早已把乡村和外部世界连在了一起。乡村不仅需要金钱的支持，还需要文化信息的支持，每个游子只要有心，总能找到支持家乡的支点。

回到乡村。青年闯社会，老年报乡梓。封建社会的外出做官和宦游之人，年老之人多愿回到乡村，既是修身养老，也以积蓄的金钱和人脉回报家乡，乡绅和乡贤阶层均在此基础上得以形成。现代社会，人们讲求四海为家，何妨也落叶归根，把积蓄和才智贡献给乡村建设？与其待在城市无所事事，不如回到乡村大有作为。

（作者系中央农业广播电视学校副校长）

◎责任编辑：汪义力

协同推进乡村治理体系和治理能力现代化

⊙ 赵秀玲

十九届四中全会将"坚持和完善中国特色社会主义制度、推进国家治理体系和治理能力现代化"作为中心议题，标志着党的工作重心和战略发展目标非常明确和坚定。这为乡村治理打开一个全新境界。不过，目前我国乡村治理体系和治理能力建设虽取得一定成绩，但离现代化水平还有很大距离，所肩负的责任重大、面临的问题多多，可谓任重道远。某种程度上说，乡村治理体系和治理能力现代化是关键，它直接关系到国家现代化的速度、幅度、力度和深度，甚至成败。

一、乡村治理体系和治理能力现代化面临瓶颈问题

虽然改革开放尤其是十八大以来，中国广大乡村发生巨变，这在脱贫攻坚等方面表现尤其突出。但从治理体系和治理能力看，离现代化水平还有较大距离。

一是制度建设严重滞后，远不能适应治理体系和治理能力现代化的具体要求。与国家不断出台的关于乡村的各种制度规定相比，乡村制度建设处于严重滞后状态。这主要表现在：第一，不能及时回应国家相关制度，跟不上国家制度制定的步伐。第二，与国家制度呈现上下一般粗的状况，不能根据本地实际进行调整。第三，创新性不强，不能发挥基层自主性进行制度创新，更难以走在国家前面，进行前瞻性制度创造。第四，制度缺乏系统性、规范性、具体性和实用性，难以适应乡村基层实际，尤其是无法弥补实践中的漏洞。总之，在乡村治理制度建设中，存在着明显不足，即观念意识和主体性不强，缺乏落到实处的具体有效措施。

二是干部队伍很不稳定，履职能力水平堪忧。乡村干部队伍一直面临大量外流情况，老龄化成为一个难以克服的严重问题，有的乡镇年轻干部占比则低于百分之五。不要说现代管理能力水平，就是应付正常工作也很困难。不少乡村干部还存在明显的形式主义甚至官僚主义做法，不会也不愿与农民打交道，以致与人民群众产生隔阂，甚至导致群体性事件频发。因此，当精英阶层都不愿回到乡村，乡村干部的文化素质、履职能力、管理水平得不到快速提高，老龄化成为乡村干部的常态，工资待遇低、工作环境差、晋升机会少、缺乏职业尊严，乡村治理能力现代化就会成为一句空话。

三是广大乡村干群的主体性得不到很好发挥，有被动参与的局限。不少乡村的政策制定主要还是干部说了算，在协商民主和考评监督中，农民的参与质量不高，远未获得治理的主体性、参与的广度和深度。这就大大限制了乡村治理能力水平的提高，更不要说现代化能力水平的提高。

与国家治理体系和治理能力现代化相比，广大乡村还处于较低层次，面临的瓶颈问题较为突出，需要引起党和国家及各级政府的高度重视。不解决这一问题，不仅不能快速提升乡村治理体系和治理能力现代化水平，还会影响和拖累国家战略发展。从某种程度上说，推进国家治理体系和治理能力现代化首要也是最为迫切的是基层，尤其是在更广大的乡村。

二、实现乡村治理体系和治理能力现代化的有效途径

既然目前的乡村治理体系和治理能力较弱，而且又滞后于国家战略发展及其整体设计；那么，就应该努力改变这一状况，实现其快速发展和弯道赶超。推进乡村治理体系和治理能力现代化应成为国家发展的重中之重，也应成为国家探索创新的先行者。只有这样，国家治理体系和治理能力现代化才能走上宽阔道路。

首先，应改变观念，加大乡村治理体系和治理能力现代化建设力度。一般人认为，治理体系和治理能力现代化建设纯属国家行为，是国家层面的顶层设计和制度安排，乡村只要跟着走就行。其实不然，党和国家的战略构想与制度安排只是一个方面，从国家层面实现现代化也只是一个宏观考虑；真正要实现治理体系和治理能力现代化，立足点在基层、关键在基层、发力点和具体抓手也应在基层。只有认识这一点，才能重视、指导、着力推进乡村治理体系和治理能力现代化建设。基于此，我们应在遵循国家制度安排的前提下，全力在乡村进行治理体系和治理

能力现代化建设，一切工作都围绕于此展开。特别是应将乡村治理体系和治理能力现代化探索创新作为一项重要工作展开，这既要改变当前的滞后状态，更要强调其前瞻性、超越性、引领性作用，从而成为国家发展的强有力支撑。

其次，让制度建设挺在前面，充分发挥制度优势，并成为乡村治理的有力保障。 目前，影响乡村治理体系和治理能力现代化的主要因素有：制度意识不强，许多制度不到位，有的制度多有漏洞，还有的制度形同虚设。必须在广大乡村形成"制度先行"的理念，从各方面有针对性地科学制定与乡村治理体系和治理现代化相关的制度。如严格规定广大农民在协商民主、民主监督、乡镇干部考核等方面的参与率、主体性地位，建立广大干群严格的培训制度，强化社会组织特别是志愿者队伍建设等。浙江安吉县天子湖镇的高禹村2016年建立村级事务运行规则，实施"五个所有"，即"所有决定村民定、所有决定都签字、所有讨论都参与、所有财务都公开、所有干部不碰钱"。这一铁律让普通村民对村级权力的运行听得到、看得见、说得上。又如，应建立年轻干部在乡镇工作的诸多制度规定，像年限、业绩、晋升、奖惩等，以便于更多人愿意扎根基层、长期为乡村治理服务。

再次，强调实践品质，要让实践成为理论的生成基础和修正依托。 与其他层级不同，广大乡村基层最贴近农民、农业、农村，是实践性最强的地方。一项政策规定好不好，往往不靠理论阐述、逻辑论证、概念演绎，而是看是否符合广大乡村实际，是否与农民贴近和心连心，是否有助于农村发展和民生问题解决。因此，除了强调制度建设和理论探讨，社会实践尤其是实践中广大农民的满意度，就变得特别重要。因此，让各项制度奠基于广大农村、农民的实际需要，又使其不断接受检验并更好地得到修正发展，就变得特别重要。

还有，发挥协同发展机制作用，让乡村治理体系和治理能力得到最大优化配置。 由于广大乡村具有较为分散、偏远、孤立的特点，在乡村治理体系和治理能力现代化建设中，协同、优化、共赢、发展就变得尤为重要。只有资源共享、科学配置、互相促进、相互激发、优势互补，乡村治理体系和治理能力的短板才能得到弥补。以浙江嘉兴平湖市为例，为解决干部成长问题，独山港镇与上海金山卫镇签约结对，实行"人才共建"的干部成长计划，借助两镇工会、共青团、妇联、科协、关工委以及行业协会、商会、新生代企业家联谊会等各类平台，开展人才联育。通过项目化运作、互派式挂职、定期性交流、定向性互访，充分发挥协同发展、资源共享与整体合力作用。未来，这方面的发展空间很大，对于乡村治理体系和治理能力现代化是一条宝贵经验。

最后，改变传统治理模式，代之以更具现代意识的治理方式。整体而言，影响乡村治理体系和治理能力现代化的还有传统模式，如官本位思想影响下的干群隔阂和形式主义做法，落后保守的管理方式和工作方法，一言堂式的家长制作风，等等。要真正让乡村治理体系和治理能力现代化，必须具有全球意识，强调平等、公平、正义、民主、科学，掌握现代管理方法特别是充分运用互联网技术等，使乡村成为更好享有世界和人类最先进文明成果的探索创新地。以互联网、大数据为例，由于不少农村以之进行生态农业、治安管理、监督检查、反腐倡廉、培训授课、民情调研，所以效果非常显著。还有的乡镇直接聘请国内外专家学者给广大干群授课，传授最先进的科学技术、管理经验、治理能力，深受人们欢迎喜爱。

中国是一个农业大国，有着近两千多年的封建专制传统，长期以来较为落后的状况使之离现代化还有很大距离。这就成为推进乡村治理体系和治理能力现代化的巨大挑战，同时也是一个难得的机遇。因此，我们应从广大农民、农村、农业着眼，快速提高治理体系和治理能力现代化水平，在观念、制度、实践和方式上同时发力、齐头并进，力求短期内产生实效。

三、推进乡村治理体系和治理能力现代化应注意的问题

应该说，乡村治理体系和治理能力现代化绝非轻易可以达成，它需要较长时间做更加艰辛的努力。因此，如何做到胸有成竹、谋定思动、立足高远、注重实效，达到最终目标，这是需要认真思考和反复研讨的重大问题。

第一，树立全国一盘棋的理念与思路。国家治理体系和治理能力现代化是一个任重道远的系统工程，它决非任何一方能独立完成，要避免单兵作战、各自为政、互相消耗的做法。因此，应从战略高度重视乡村，看到其现代化程度具有关键枢纽作用，也是难点和要点所在。全国和全社会尤其是广大城市都应确立反哺乡村的观念，要大力支持和投身于乡村治理体系和治理能力现代化的伟大征程。只有牵乡村这一"发"，方能起到"动"全身作用。基于此，不论是从制度还是实践层面，都应鼓励有为青年到农村接受锻炼成长，为乡村治理发出自己的光和热。同理，乡村也要积极探索创新，既能为国家解除后顾之忧，又能为国家治理体系和治理能力现代化贡献自己的智慧。

第二，将探索、创新、发展作为核心追求目标。乡村治理体系和治理能力的现代化的实现当然离不开多方支援，但归根结底还要靠广大干群自己探索创新。

没有这一点，再好的外部环境都不可能对现代化推进起决定性作用。应该说，改革开放很长一段时间，乡村治理呈现不断探索创新的大好局面，并在不少方面成为国家制度制定的智力支撑；然而近些年，这一动能有所减弱，甚至出现整体滞后于国家战略发展的状况。因此，要实现乡村治理体系和治理能力现代化，广大乡村干群还要充分发挥自身优势，在探索创新上继续努力，以改变被动落后局面。比如，有的乡镇党校通过互联网对广大干群进行培训，除了党和国家的政策法规外，还结合本地实际，关注民生问题；有的甚至通过网络普法、执法，开展乡村"无讼"活动。这些成功经验都值得进一步推广，也对如何实行创新具有启示作用。

在发展经济前提下，实现德治、法治、自治结合。乡村治理体系和治理能力现代化一定要避免空谈，尤其是避免不顾经济发展的无谓争执。如不少村庄改革开放四十年，至今还没有集体经济，这是不可能建成现代化和得到人民群众支持的。如甘肃省到2018年，还有189万贫困人口没有脱贫，仍有52个片区县、4个插花型贫困县需要摘帽。相反，有的村庄集体经济获得巨大发展，少则数十万，多则数百万，有的甚至达到数千万，其乡村治理体系和治理能力建设也就有了可靠保障。另外，应将自治、德治、法治结合起来，这样乡村治理才能更加合理、健全、可持续，社会主义核心价值观才能得到充分体现，中国特色社会主义制度才能得到确立。特别值得强调的是，乡村治理有时过于强调"调解"功能，这往往导致忽略法治，甚至出现"被和解"的情况，这势必影响法治观念和法治体系建设。

现代农民是乡村治理的重中之重。乡村治理体系和治理能力现代化的关键是村民，是具有现代观念和能力水平的农民。因此，党和国家多次发文倡导要让现在的农民成为新型农民。要做到这一点，最重要的离不开以下渠道和方式：其一，加强培训工作。目前，乡镇培训主要集中在有限的干部，有的只是主要干部，而让农民接受培训的机会少之又少。今后应在这方面加大力度，除了请进来专家学者给农民授课，通过网络给农民上课，还要让农民走出去，到大学等处直接接受培训，这是打开农民视野、丰富知识、改变思维观念的有效途径。有的地方挑选优秀农民尤其是青年农民到大学接受再教育，这种做法具有超前性。除此之外，还有的地方自创农民大学、乡镇村夜校，利用农闲和晚上给村民补课，也收到良好效果。当然，还可充分调动乡村精英的积极性和创造性，让他们为广大农民授课，甚至可让普通农民登台讲解或相互交流，从而达到相互促进、相生相长效果。

（作者系中国社会科学院政治学研究所二级研究员）

◎责任编辑：汪义力

传统村落空心化：在失去中我们能得到什么

⊙ 李华东

为了避免误会，开头先郑重再郑重地强调以下讨论的前提：没有任何借口可以找，我们必须竭尽所能，保护好中华民族数千年文化的结晶和载体——中国传统村落，让每一处旧村、每一栋老屋、每一块砖瓦、每一片文化，尽可能地存续长久，让更多的今人和后代能够从中获益！

作为中华数千年农耕文明最后的结晶和载体，传统村落的空心化，理所当然地引起了广泛的关注和重视。谁忍心眼睁睁地看着这些"传统文化不可再生的宝贵载体"无可奈何地消亡呢？于是大家为应对传统村落的空心化而殚精竭虑，付出了巨大努力。但是，无论是从人口空心、文化空心还是经济空心的角度来看，传统村落的空心化，已是很普遍的情况。尽管谁都清楚，这个世上本来就没有什么能够永生，可是我们能否理性地承受这些失去？如果不愿意承受，又将如何面对眼下的现实问题呢？

其一，应该基于"空心化不可避免"这个前提考虑问题。 相当一部分传统村落的空心化是不可避免的历史发展趋势。抛弃幻想，不管情愿不情愿，都得清楚地认识到，相当一部分传统村落的空心化是历史的必然。因为她们发轫衍化发展的社会经济土壤已不存在，无水无土之木想要存活，至少在目前的条件下，不啻天方夜谭。更何况，包括宇宙本身在内，只要是生命就终将逝去，除非科技发展到逆天的地步，比如真的能够实现长生不老或者时间旅行。而且，村落的空心化是系统性的衰落，没有系统性的解决办法，只靠一两个神仙妙招改变不了这个趋势。如果现阶段还不能逆天改命，所有的思考和筹划，就应该基于"空心化不可避免"这个判断出发。否则等于是拿着失去磁性的指南针和错误的地图在作战，再精妙的设想，也只能是看上去很美、徒然浪费精力财力时间而已。

其二，摆脱某些似是而非的保护利用观念的局限。中国传统村落是一类特殊的遗产，不能完全套用既有的文化遗产保护理论、观念和方法。应不断讨论传统村落保护利用的本质是什么、目标是什么，这样才能知道空心化究竟让各利益相关方损失了什么，能否挽回这些损失。

其三，遗产之所以重要，恰恰在于它能使生活更美好。遗产保护本身就是一种功利的行为。传统村落的保护利用，也是为了人能生活得更好些。文化遗产保护，本来是人类在有闲阶级吃饱喝足后逐渐产生的精神需求；遗产只是生活中的调味品，其重要性比起柴米油盐酱醋茶，其实还要低。至少在当前，很多村落的空心化是村民根据自己的价值判断做出的选择，恰恰正是村落在现实条件下的一种"自救"，是另一种形式的发展和前进，意味着村民们摆脱了艰苦的生活，去别的地方过上了相对好的日子。

其四，肉身终归难久远，神魂方能永流传。本来嘛，传统的中国人，相对于"身外之物"，更重视精神层面的传承。传统村落最核心的价值在于其蕴藏的传统文化。而文化是无形的，载体必然消失，文化仍可以流传。就传统村落而言，如果始终只在"物"的层面纠缠，在最关键的时期，把最多的力量都投入去修缮那些没人住的老屋，却没有及时尽力地抢救传统文化，未免有些许"舍本逐末"的意思。也许可以再想想：在相当一部分村落的空心化无可避免的前提下，在人力财力极其有限的情况下，传统村落保护发展更急迫的任务，应该是什么呢？

其五，因势利导因地制宜，行必为之事。虽然部分村落的空心化是必然的，但我们也绝不能消极无为，总得和文化遗产消逝的大势争上一争：不能因为人总是要离世的，有病就不治了不是？只不过这个"争"呢，也别乱争，要因势利导，尽量秉持"无为"之心，别硬生生地发明一些本来不必要的任务来折磨自己，如"一定要遏制传统村落的空心化势头""要利用文化遗产促进经济的发展""村落发展要一村一品""必须恢复明清风貌"……更重要的是，要积极地设法从损失中得到些什么。如果足够理性，就会明白：遏制甚至逆转大量村落空心化的趋势，是不可能完成的任务；更进一步说，也许是没必要的任务。面对这样的现实，要多想一想并且积极努力去做的，也许是：在传统村落空心化的过程中，我们能得到些什么？

时代变迁中，就算是过去的高门大户、精美华宅也被迫舍弃了，更何况那些屋檐低小的土屋茅舍……

一、村落空心化，是历史进展的必然

作为"农耕文明的结晶和载体"，一处传统村落空心掉了，无论是人口空心还是文化空心，都是不可挽回的损失。所以大家都为传统村落的空心化问题而焦虑，哪怕明知非常艰难甚至不可能，也想方设法解决空心化问题。也许将来逆城市化浪潮真的会出现，政策会全面放开，乡村将会成为奢侈品，广大人民拎着成麻袋的钞票也老屋难求……但在这样美好的明天来临之前，究竟能有多少村落熬得下来呢？

1. 传统村落空心化的实质，是传统农耕的衰落。

传统村落日趋普遍地、彻底地空心化的原因，很多学者已经从各种专业和各种角度（包括但不限于土地制度、自组织能力、农村改革、城乡关系等深层次的因素），进行了深入广泛的探讨。但要简单来说，无论是空间意义上的废弃、人口意义上的过疏化、经济意义上的衰落、文化意义上的变异，传统村落空心化的实质，都是：传统农耕的衰落。

以传统农耕为基础发展而来的一切文明成果，当然也随之变异、离散、消失。我们通常所说的空心村，自然是那些人去屋塌、狐鼠横行的村子。但也应该意识到，那些人流熙熙攘攘、充斥着酒吧民宿非洲手鼓的爆红村落，其实也是一种空心村：文化空心的村。这两种极端情况的表象反差很大，但内里是一致的：传统农耕的衰落。

谁都知道经济基础决定上层建筑，在传统农耕方式不再延续的时候，作为其产物的传统村落，自然慢慢地失去了内在的生命，成为无根之木、无源之水，必然逐渐淡出历史的舞台。纵然什么自然山水环境格局风貌传统建筑，甚至还有几项非遗代表性项目保存得无比完好，但是内在的经济文化逻辑却早已不再，徒留一具具空壳，这还是作为"农耕文明基因库"，而具有保护意义的传统村落么？

2. 传统农耕的衰落，是无法、更没必要逆转的趋势。

传统农耕，养活过近千亿人，维系了中华民族数千年的生生不息，自然有其独特的价值和让人难舍难分的感情牵绊。但是，在人类社会技术的不断进步下，纵然传统农耕在小块的土地上、在生态保护上、在家庭经济的维系上有其突出的优点，也不可能在大规模的层面上继续传承，无数农民已经用脚做出了自己的选择。

　　每个时代都会有自己的特点和成就，中国农耕生产能够一以贯之地绵延数千年而没有发生根本性的变化，本身已是历史的奇迹。直到20世纪真正面临决定性的冲击，自给自足的农耕经济、严密系统的宗法秩序等才开始发生变化。这种变化一旦发生就是广泛、迅速、深刻的，短短百余年间，传统文化发轫、衍化、生存的土壤，就已然消失殆尽。土地制度、经济结构、人口构成、社会心理、生产效率……都与过去有了翻天覆地的突变，传统农耕方式及其随之产生的文化，除了些许残片（比如廿四节气、过年的习俗、一些"非遗代表性项目"等），哪里还有继续生存的条件？

　　就传统村落保护而言，没有了传统农耕作为内在支撑、失去了最根本的活力来源，面对一栋栋苍老衰败的老屋，越来越少的人口，还试图"遏制传统村落的空心化""原汁原味"地保护传统村落，还想在保护传统农耕文化的同时又让它"活化"，在相当一部分村落中是不可能、也没必要的任务。

　　也许在不久的将来，传统农耕将只是博物馆里的展品罢了……

3. 城市集聚的马太效应，将使越来越多的村落空心。

　　过去，为啥有这么多的村落在田野山川里星罗棋布呢？很简单，传统中国最根本最普遍的生产就是农耕，靠天吃饭，逐水、逐田、逐林而居。在没有电摩托的时代，耕作半径决定村子就在田地的中心，"一去二三里，烟村四五家"。当村子人口繁衍，周围土地不够用了，家族就会开枝散叶继续去开拓新的村落……

　　但这种需求在今天却非常弱化了，技术改变着一切。就目前的现实情况来看，别说村落了，就连一些小县城，也被周边大城市抽去了精气神；四通八达的高铁，更容易把小城市的人力抽离到大城市从而加速小城市的衰落。甚至连有些省份，人口已然是净流出。当下主流的观点是现代化的必由之路就是城镇化、集约化、规模化，人口必然主动或被动地涌入城镇，否则城镇化化什么？如果我国城镇化率真达到了70%的发达国家水平，那意味着现存的近三百万自然村组，或许有三分之一将无人居住。就算还有几位老人留下，他们到底是因为故土难离，还是有心无力？

　　说句遭人恨的真心话，不要为了村落的空废而苦恼，反而应该感到欣慰：因为这意味着更多的人摆脱了相对艰苦的环境，享受了现代文明的成果，这不也是举国上下正为之努力的吗？

大城市集群在不断地抽离村、镇、小县城的精气神。有些古村古镇投入巨资修缮得不错，可惜仍然留不住年轻一代的人和心。

4. 村落空心，是村民作为主人的价值判断和选择。

应该认识到，宏观但抽象的"民族的乡愁"，和作为个体人的"乡愁"，并不完全是一回事儿。对个体的人而言，乡愁，很可能只是曾经在农村里生活过的人，对上山掏鸟蛋下河摸螃蟹的童年时光酸酸甜甜的追忆。至于村民，他们的乡愁是什么？自媒体上充斥着保护意识高涨、老人年轻人小娃娃自觉自愿守护老村老屋的案例，这样的事例当然不少。可是，注意，那大部分是因为通过保护所谓的"古色古香"而招徕了游客，挣到了钱。如果在家里就能过上舒爽的日子，却非要出去吃苦受累，不是方脑壳，又是啥子嘛？尤其是主要分布在老少边穷地区的传统村落，年轻的村民如果能够离开老村老屋进城去，他是恋恋不舍，还是欢喜雀跃？

在整个民族都面临着外来强势文化殖民、整个乡村都面临着城市强势文化殖民的现实条件下，在文件中轻飘飘地写下"大力加强乡土教育，提高村民自豪感和归属感……"写写是容易的，可是！第一，有人搞乡土教育吗？第二，有能力去教育吗？第三，有钱去教育吗？第四，教了有人听吗？第五，就算听了，能解决问题吗？

5. 传统文化的载体，大部分会逐渐消失。

按常规的理解，之所以要保护传统村落，是因为她们既是优秀传统文化的结晶，也是优秀传统文化的载体。遗憾的是，就算是钛合金碉堡，也敌不过岁月这把杀猪刀，更何况由土木竹石盖成的房屋、吃五谷杂粮的普通人，谁也不可能逃出生老病死六道轮回。文化的载体，无论是物质还是人，终将消失。

无论有多少论文阐释了传统民居是多么有价值，如何精美绝伦，怎样生态环保……但现实情况就是，村民正毫不留念地弃之唯恐不及。传统村落的好处可能有千条万条，但废弃它只需要主人不喜欢这一条。事到如今，斥责村民没有文化自信、文化自尊，不知道保护文化遗产的神仙，应该是没有了吧？

原来很天真地设想过"低成本保护和现代化改造"，现在看来只是书生谈兵。其一，比起保护改造老屋，大部分村民更愿意建新房。不得不住老屋的，基本上是无力盖房，或者被儿孙嫌弃的老人。有位婆婆淡然地笑着对我说:没几年活头了，凑合着吧，不想折腾了；其二，再低的成本也是成本，两万块对上流社会来说也就是一瓶酒的事，但对一些村民来说却是笔扎扎实实的巨款；其三，就算改造得能洗上热水澡，堂屋宽敞明亮，卧室通风透气干爽，可是架不住村子空心了呀，整个村的人打麻将都凑不齐一桌，住在村里整啥子呢？

6. 现有一些"保护利用"措施，正加速村落空心化。

传统村落在圈子里说得热热闹闹，但和其他的普通村庄一样，各级各部门在村里要干的事有很多。就一般情况而言，是保护什么"农耕文明基因"重要，还是出于生态、安全、扶贫、教育、养老、就业等的考量，让山高路远的村民迁居乡镇过上好日子更重要？盘活土地资源、多增土地指标等经济动因的诱惑，谁能抵抗得了？村民迫不及待地要摆脱旧日子、干部殚精竭虑地让村民离开旧房子，规划师们兴致勃勃地"疏散"老村子，都要大家去新村中过"好日子"……最后可不就是人去村空？

就算真心要保护传统村落，有些地方采取的各种措施，实际上是在刺激和加速村民抛弃自己的故园，比如死板教条的管控规定、保护范围内禁止新建翻建、"保老村建新村"的思维等，都在进一步抬高村民生活在老村中的成本。

本来呢，少数民族在观念中对故土的羁绊要更深一些，乡愁更浓一些。遗憾的是，很多老村老寨的生活也往往是相对贫困的，房屋也是相对简陋的，是必须要大力消除的对象。更有邪恶的资本，相中了各种"原始""秘境""最后的部落"……如同饿狼发现了肥羊，流着哈喇子去"打造"，眉飞色舞地叫嚣着"腾笼换鸟"，把寨民们驱赶到"文化新村"过好日子……豪横愚蛮的资本，以迅雷不及掩耳之势斩断了寨民们回家的路，迫使他们离开相守相依了千百年的神林、寨心、萨玛、故井、老屋、鸡犬、田地……他们的乡愁，就这样变成了金钱的欢场。

7. 指望城里人搭救空心村落，是靠不住的。

既然靠传统村落的内生力量往往难以实现村落的复兴，很自然地，大家就寄希望于城市的反哺，期待那些有钱有闲有乡愁的城里人，能够填补原住民离去后的空虚。各种媒体上铺天盖地报道的那些对"诗和远方"的追求，大家开始兴致勃勃地谈论"逆城市化"，焦灼地呼吁放开城里人下乡的各种政策限制，仿佛看到了一浪又一浪的城里人，扛着成麻袋的钞票在高铁站整装待发，只要政策的冲锋号一响，就会像大水一样漫灌入村，空心村顿时就红火起来……振兴了也。

是的，有很多城里人，对乡村的各种美好有着模模糊糊的向往；有些地方也正着力改革供需机制，想了很多办法，如共享农房、闲置房流转、打造城里人第二居所、引入新村民等，活化利用了一些旧村、老屋，也出现了若干相当成功的案例。但是，除了那些标杆、网红，就更普遍的情况而言，指望城里人的"诗和远方"能够拯救空心村，仍然是不现实的。

其一，有意愿有财力修缮利用传统民居的城市居民，因为缺乏可信赖的制度来保障他们的权益而不敢轻易涉足。其二，就算已经有人"毅然放弃了城里的高薪，到乡村把日子过成了诗"，可是，这部分人究竟有多少？其三，就算针对传统村落采取专门的政策、制度保障，引来了城里人，他们能保护传承传统文化吗？不"爆改"老屋，很多城里人在村里一天也待不下去。其四，城里人喜欢去哪里安放情怀和梦想、"诗和远方"？还不是要交通便捷之处、好山好水之地？很多来到乡村的城里人，恐怕更多的是向往这样的"乡村生活"吧……

8. 背离保护价值的"活化"，正造成最深刻的"空心"。

当前的语境中，在谈及保护文化遗产的同时，如果不高喊几声"活化"，大家看着你的眼光，就像在看着一件刚刚出土的残破旧石器。无论是出于发挥传统文化的当代作用，还是抵抗经费不足的现实压力，或者为了让村民有获得感，也许是为了将村落负资产转化成可赚钱的资源……都要求把传统村落"活化利用"起来，或者说直白点，"卖出去"。于是传统村落的"保护"，反而音量越说越低；"活化"的调门却越来越高……这当然是必需的吧，否则死去的村落，于现在和将来，于国家和村民，都毫无意义。

在现实中，所谓的"活化"，无非就是借助传统村落尚有几分"思古幽情"的躯壳，迎合市场的需要搞点钱罢了。当然，这也没什么不好，村民收了租金，店家有了生意，游客有了玩乐。反正现阶段市场对传统文化并没有什么饥渴，卖大碗茶当然没有卖猫屎咖啡利润高，于是谷仓活化成了茶馆，猪圈活化成了酒吧，祠堂活化成了书店，书院活化成了"高端民宿"……有没有更好的方向呢？

如此这般的"活化"，做得最好的结果，无非是留下了文化的标本，虽然不是活体，但总还能看到些历史的信息；最糟糕的呢，被"活化利用"和被拆除荡平没什么两样：都是把枯萎的老树砍下来，做成房梁、家具、根雕甚至烧锅做饭，而真正重要的传统文化，就连具稍显完整的尸体，都没能留下。于是，在理想与现实的夹缝中，一个貌似无解的悖论就出现了：要保护呢，就得要活化；而活化呢，就失去了保护的价值。

9. 只重死物而不重传承，最大的可能是形神俱失。

综上所述，如果我们不转变观念，以抢救、保护、传承、发展传统村落的无形文化为关键任务，还是坚持不懈地以保格局、保风貌、保老屋等物质载体为主要工作的话，那传统村落保护利用工作的成果会是什么？

第一，形神俱存。还能作为理想中的"基因库""文化复兴基地"而得以"活态保护"下来的村落，不到10%，而且大部分是交通相对不便的少数民族村寨。

第二，形存神灭。通过艰苦努力，投入大量资金，把格局肌理、整体风貌、传统建筑这些"物"保护得比较好，但是传统文化内核基本无存的村落，估计在30%左右（还能留住"形"，这大概可以说是对大家辛苦努力的最高奖赏了）。

第三，形神俱失。空心化废弃、屋塌人去村空，或者被开发建设得面目全非不伦不类、形神俱灭从而失去保护价值的村落（可称之为"前传统村落"），估计是60%或以上了……

其实就是一句话：相当一部分传统村落终将是要"空心"掉的。甚至，还可以得出一个很残酷的结论：有些村落之所以空心掉，是因为应该空心掉。面对这样的现实，到底是向隅而泣，还是淡然处之，还是积极作为……归根结底取决于我们对传统村落的认知，认知决定思路，思路决定出路，也许值得花点功夫认真想想。

二、有些困扰，来自含混未清的观念

保护传统村落的理由或者说动力很多。其中最为广泛接受的一个，是将传统村落定义为中华农耕文明的基因库。为了传统文化的传承发展进而实现文化复兴，必须加以保护和传承；为了更好地保护和传承，就应该加以"活化利用"；活化利用好了，又促进保护和传承，就这样形成了目前传统村落保护利用的策略链条。

可是，在实践中这个链条为啥转动得不是想象中那么顺畅呢？可否大胆地想一下，可能是因为这个链条上有些环节，只是种"看起来存在"的假设？现有的保护利用观念和方法，是否受到了某些局限？

1. 作为"外人"的我们，在真切地理解传统村落吗？

营造传统村落的先祖们，其思维、观念、技艺、习俗……从根源上和被外来的现代理论、观念和技术彻底"现代化"了的我们，并不相同。这使得我们在评价、研究、保护、利用传统村落的时候，很大程度上是站在彼岸主观臆测，而不是根植此处身受真切，所以做出种种郢书燕说的结论和奇奇怪怪的迷惑行为，就是大概率事件——因为包括干部、学者、专家、建设者甚至年轻村民在内的我们，在面对中国人的传统之时，基本上都是外人。

这里"外人"的"外"，大概有几个涵义：其一，我们现有的理论、观念基本上是外来的；其二，我们是在传统村落已经停滞的时间线之外的当代人；其三，我们的视角是外来者的视角；其四，我们的立场是外来者的立场……这样的一堆"外人"，如果不是下了苦工用了真心，能真切地理解传统村落吗？

与今天很不同的是，作为中国传统文化内核的儒、道、释，都对"物"并不特别在意。在佛家看来，物质只不过是智慧的羁绊；道家干脆就认为物质只能带来人心的混乱；就算入世最积极的儒家，也从不认为物质是让人幸福的本质因素。精神因素，而不是物质本身，才是中国传统文化最看重的东西。但是在传统村落的保护利用上，我们却断然背弃文化传统，只重视去搞"物"本身，拼命去保物，保格局、保风貌、保民居（保来保去其实眼睁睁地看着很多都没保住）……当然，还有一些非遗代表性项目，从传统文化身上抽取了几个细胞扔在培养皿里。修缮呢，只重视去修物，修祠堂呢；就修那些椽子檩条；修关庙呢，就修那些石头柱子墁砖地面；修老宅呢，就修那些槛墙花窗……花了好多好多的钱，修了又坏坏了又修……可是更重要的精神层面的东西，孩子和祖宗的关系，诚信和关帝的关系，人和建筑的关系……很少想。

眼下有很多规划建筑景观等专业人士，广泛参与传统村落保护利用实际工作，甚至成为主导。但其中极少数人的人文素养却惊人地苍白，繁体字都不认识几个，却醉心于各种先进"技术""算法"……可是，落户于此的先民们，是在地形测图上摆弄房子的吗？给祠堂选地之时，是考虑了什么空间拓扑深度吗？在村口栽风水林的时候，是考虑了原细胞自动机制吗？在盖房子的时候，是考虑了 $\sqrt{2}$ 的比例循环了吗？志明陪着春娇看月亮的那个池塘，只是一个什么 node 吗？外婆牵着俺去背柴禾的那条石板路，就是一个什么 link 吗……

用现代的、科学的方法来分析传统村落，非常必要。我们必须能够从另一个侧面揭示"只缘身在此山中"时看不清的东西。但是！绝不能只用这一条腿走路，更重要的是从其自身的内在逻辑出发去系统地理解传统村落，发展本土化的理解和阐释，否则容易导致郢书燕说、削足适履、缘木求鱼之误。而在这方面，我们已经欠缺太多。

2.舶来且片面的观念，有多少能适用于中国传统村落？

现有遗产保护的理论和方法，基本源自西方精英阶层；随着在世界各地的实践和碰撞，也在不断地演进调整以求更好地适合实际。但因其基因是西方的、精英的，所以在和东方的、乡土的传统村落相遇时，就出现了种种不适应。不单如此，往往还由于我们来不及深入了解西方历史文化背景等种种原因，对其基础理论、核心概念和某些国际宪章、公约等都存在一定程度上的误读。让大家焦头烂额的传统村落保护与发展的矛盾，有很大一部分即根植于此，不能不加以认真讨论。

人们是在传统村落迅速消亡的迫切压力下，才急忙大规模开展保护的。现实鞭策着大家不停地奔跑，很少有余裕去思考一些更基本的问题，实践跑得太快，理论却还没有睡醒。现在指导保护利用工作的观念、原则、方法，基本上源自西方，在与中国传统村落自身的历史逻辑和保护要求相结合方面，仍然缺乏足够的探索。更不利的是，尽管国内外学界一直在不断地调整优化遗产保护理论观念方法措施，但在保护利用的现实中，大量的直接相关者还是只能道听途说、生吞活剥一些似是而非的观念，来指导自己的实践。

源于西方历史观和文化逻辑、体现西方精英阶层志趣的遗产保护保护理论，经由世界性权威组织的背书阐发，获得了信誉保证，成为了理所当然的常识与真理，进入各国的法律和政策，在全球范围内影响了人们对遗产的认知、保护和利用，变成了毋庸置疑的权威。百余年来这套理论虽然成效卓著地挽救了世界上为数众多的历史文化遗产，但一体两面的是，也加速了那些被排斥在既有话语体系外的文化内容的衰落，不同程度地导致不同国家和地区本土历史意识的破坏，人们千百年积累下来的多元文化智慧进一步被边缘化——因为有了权威的观念。

中国传统村落是类很特殊的遗产,不能机械套用西方的保护观念和方法。其一，中国的传统村落，是由自身拥有深厚的文化底蕴和特质的先祖们，在中国的自然和人文土壤里一砖一瓦建起来的，自有其内在逻辑、文化特色和历史过程。他们的三观，和西方，也和今天的我们有很大的不同，我们不能郢书燕说、削足适履，在保护利用传统村落时，要有文化本位的立场、持自己的文化态度。其二，传统村落是有生命的活体，不是死物。一群人，来到一块荒地扎根，建起第一栋房子，繁衍成一个村落，黄发垂髫人声鼎沸，然后繁华不再，人去村空，直到又被大自然回收成一块荒地……这是一个完整的生命过程。其三，我们必须清楚，传统村落虽然具有一定的文化遗产属性，但更多的是生产生活属性。人们还在村落中繁衍生息生老病死，得建设，得改变，得进化，其保护利用不能是锁在保险柜里保护起来。其四，传统村落是个全息的、有机的大系统，我们不能只依靠分科而学的"科学"，从当代"专业"的眼光看待传统文化的产物，用支离破碎的所谓"现代"观念和方法，去支离破碎地理解、支离破碎地保护、支离破碎地振兴、支离破碎地建设乡村。

中华传统文化的特性之一，就是兼容并蓄。我们在进行传统村落的保护利用时，海纳百川、博采众长，积极学习和吸收其他国家的理论和经验，是必须的。但是，如果只是盲从西方的理论、方法，会导致传统村落保护发展的矛盾日趋突出。例如，年轻人要结婚，新娘的要求是必须有新房，村主任严格执行保护规划不许他翻建自家的"传统民居"，却又拿不出土地指标给他盖新房，于是村主任的头上就有了一块很大的包，他可能永远也不知道：这个包，其实是被生吞活剥的洋观念打出来的！

（作者单位：北京工业大学建筑与城市规划学院）

◎责任编辑：汪义力

瞄准乡村振兴"第一环" 大力推进"卫星村"建设

⊙ 廖红兵

全面推进乡村振兴，是全面推进社会主义现代化国家建设的重要组成部分。乡村振兴的全面推进，实际上存在一个先近后远、先易后难的方式方法问题。弄清楚这个带规律性的问题，对于全面推进乡村振兴非常重要。

对于乡村振兴来说，何谓远近？又何谓难易呢？说穿了，乡村振兴就是建设与富强民主文明和谐美丽的社会主义现代化强国相匹配的农业、农村和农民，实现农业、农村和农民的社会主义现代化。我们知道，一个国家的现代化进程必然首先始于城市，然后再由城市向农村渐次推进。城市建设的繁荣和发达，就是国家提出实施乡村振兴战略的前提条件。因此，我们谈论实施乡村振兴的远近和难易，当然就只能是以城市为中心来论。离城市近的乡村，肯定要比离城市远的乡村在获取振兴资源上享有更多的优势和便利条件，在乡村振兴的实施过程中也肯定会表现得相对要来得更快、更容易些。这样一来，紧靠城市规划区、成"圆环状"分布的周边乡村，事实上也就构成了离城市最近、工作推进更快、工作难度相对较小的乡村振兴"第一环"。

在这个"第一环"地带实施乡村振兴，完全可以仿照过去有关"卫星城"建设的经验，着力推出"卫星村"建设这个新概念。所谓"卫星村"建设，就是按照城乡融合发展的总要求，将处于乡村振兴"第一环"的众多乡村定义为"卫星村"，并根据所处中心位置城市的特点和需要，有针对性、高起点地对"卫星村"全面进行规划定位和建设，适当分流或分担城市某些功能，形成以中心位置城市为"母星"，以"第一环"地带众多乡村为"卫星"的城乡融合发展现代化新格局。"卫星村"在外观表现形态上依然是乡村风貌，但本质上已经是城市的有机组成部分。

一座城市的建设发展，其空间规模不能没有边界。一些盲目无限扩大的城市建设规模，已经导致了诸多令人头痛的"城市病"，特大城市、超大型城市的"城市病"已经表现得尤为突出。目前，我们国家的一、二、三、四线城市在城建规模拓展上，大多数都已经趋近临界点，有的已经超过了临界点，我们到了该科学界定市城边界的时候了。"卫星村"建设正是基于城市拓展规模需要明确边界的现实，在国家全面推进乡村振兴的大背景下，紧紧围绕城乡接合部如何实施好乡村振兴而提出来的，可谓是正当其时。推进"卫星村"建设，一方面能在乡村振兴工作中帮助城乡接合部走出"城不像城、乡不像乡"的困境，有效解决其发展定位问题；另一方面又能立足乡村振兴工作的全局，较快创建并推出乡村振兴示范样板，进一步增强乡村振兴的信心，鼓足乡村振兴的干劲，摸索出具有中国特色的乡村振兴建设规律。

推进"卫星村"建设势在必行。具体来说，应该把握以下七个方面：

大力推进"卫星村"建设，首要的还是规划先行。 做好"卫星村"的建设规划，我们一定要明白"卫星村"的建设规划不是一般性的城市建设规划，不是将现有的城市建设规模一般性地扩大到"第一环"的这些乡村。必须跳出我们过去习惯性的城市建设思维，按照建设人与自然和谐相处的"村中城"理念，以"城乡融合体"为发展目标，在保持好"卫星村"的乡村风貌的基础上，紧紧围绕提高和完善"母星"城市的相关功能，有针对性地对"卫星村"进行规划和建设。虽然"卫星村"的规划建设总体上来说仍属于乡村振兴范畴，但在规划建设过程中原来只适用于城区建设的有关政策应延伸覆盖到处于"第一环"的"卫星村"，比如说"城市建设维护费"的安排使用等。"卫星村"的规划建设总要求，可以用一句话来说，就是："乡村风貌，城市功能。"

大力推进"卫星村"建设，市县两级党委政府要唱好主角。 "卫星村"建设既是乡村振兴的排头兵，又是城市提质完善的重要举措，是城市政策与乡村政策的交叉覆盖地带。要在政策上破除过去城乡二元绝对分割的藩篱，千方百计为"卫星村"的建设和发展锐意改革进取。这些问题都不是处于"第一环"地带的"卫星村"自身能解决的，需要市县两级党委政府主动担当，主动作为，努力在工作中当先锋、唱主角。

　　大力推进"卫星村"建设，可优先考虑发挥"卫星村"的城市公园功能。城市现有公园历来都是以乡村风貌体现的，"卫星村"建设本身就具有城市公园的天赋，坚守"乡村风貌、城市功能"的规划定位，"卫星村"自然而然就能成为各具特色的城市公园，可为城市居民的公园休闲游提供批量化、特色化目标选择。如能在此基础上进一步强化城市公园建设意识，建设效果无疑会更好。

　　大力推进"卫星村"建设，可充分考虑发挥"卫星村"的城市"菜篮子"作用。城市居民生活一天也离不开鲜活蔬菜鱼肉的批量供应，尤其是以能就近就地生产供应为宜。过往以来，处于"第一环"地带的乡村多数都发挥了城市"菜篮子"作用。在"卫星村"建设中，这个作用仍不应忽视，且应该在原来的基础上进一步发挥好这个作用。"菜篮子"工程属市长责任，完善和提升"卫星村"的这个作用，有利于发挥好市长的积极性。

　　大力推进"卫星村"建设，可适当考虑发挥"卫星村"的生态宜居效用。城区居住的环境质量难比乡村，把"卫星村"建设好可吸引分流一部分城市居民，特别是拓展好"卫星村"的相关康养功能，并发挥乡村熟人社会的传统功能，提升社会生活的人情味，驱除城市居民身处陌生社会的烦恼，将有效增强"卫星村"的吸引力，切实提高互惠互利的生态宜居效用。

　　大力推进"卫星村"建设，可积极考虑发挥"卫星村"的教学研基地潜力。发展依然是城乡的共同话题，城市的高等院校及科研机构都有拓展教学研基地的需要，而教学研基地就近落地"卫星村"则是上佳选择。教学研基地的"卫星村"布局，既呼应了城市内在的发展需求，又充实了"卫星村"建设的内容，还有利于提升"卫星村"建设的文化和科研品位。

　　大力推进"卫星村"建设，还应做到内容上各具特色，尽量避免同质化。在市场经济条件下，特色就是生命，同质难免萧条。有特色才能长久保持市场活力，有活力才意味着振兴。

（作者系湖南师范大学中国乡村振兴研究院特约研究员、湖南省乡村振兴局法规处处长）

◎责任编辑：汪义力

水稻"单改双"应该谁说了算

⊙ 陆福兴

国家粮食安全是治国理政的基础，特别是在当前复杂的国际形势下，确保 14 亿中国人吃饱吃好是一个重大的战略问题，也是一个政治问题。因此，发展粮食生产，提高粮食的复种指数，增加粮食产量，是把饭碗端在中国人自己手中的关键。自 2020 年疫情后，国家对粮食安全日益重视，水稻种植区域迅速反应并出台政策措施，鼓励农民水稻"单改双"，取得了良好的效果。但是在调研中也发现了一些问题，引发了我的思考。

一、水稻"双改单"问题是农民市场化的选择

南方作为水稻主产区，多年来都有种植双季稻的传统。但自 20 世纪末以来，农民水稻种植"双改单"正以一种不可逆转的态势发展了 20 多年。随着农民种水稻收入在家庭收入增长中份额日趋减少，农户倾向于将更多劳动时间和生产资源转移到兼业或非农生产活动上。农民水稻种植"双改单"的原因主要有三：

一是劳动力短缺。水稻种植区一般都是劳务大省，大部分家庭青年劳动力外出打工，特别是纯种植水稻的偏远农业区域，农民外出得更多，家庭劳动力缺乏更为严重，因为双季稻需要的人力要求多，且双抢集中在一段时间，时间要求紧迫。"双改单"后插田、收割的时间自由度较大，因此大部分农民选择了"双改单"。

二是比较效益低。双季稻等于农民一年种两季水稻，不仅投入成本高，有的还要牺牲种油菜等经济作物的机会成本，加上种双季稻的化肥农药种子的用量是单季稻的两倍多，因而双季稻的成本比单季稻

高，但相比之下双季稻的比较效益比单季稻高不了多少，如果加上农民的劳动力投入成本，种双季稻农民赚的钱甚至比单季稻还要少。

三是自然灾害影响。双季稻对于水资源和自然环境要求高，一些山区特别是偏远山区有些农田靠天吃饭，种双季稻对灌溉和自然条件要求更高。一旦碰上天旱或洪涝，就会严重影响农民收成甚至颗粒无收，因而实际上有些农田本来就不适宜种双季稻。此外，如果一个地方大部分农户已经"双改单"以后，想种双季稻的农户也种不成，因为单独几户农民种"双季稻"会被害虫和鸟兽等集中破坏，反而造成歉收。

总之，水稻"双改单"的问题比较复杂，是多重原因引起的，总的来说是农民在种粮效益低下的情况下一种理性的市场选择。

二、当前水稻主产区"单改双"存在的问题

2020年以来，国家倡导农民水稻"单改双"，水稻种植区积极响应国家号召，出台了一系列支持引导政策，加速了农民水稻种植的"单改双"进程。水稻"单改双"正在逐年增加，但不容盲目乐观，因为水稻"单改双"取得成就的背后有些地方在推进中也出现了一些问题，侵害了农民的利益，严重影响了农民的种粮积极性。

一是形式主义的"单改双"劳民伤财。当前，一些地方为了完成所谓的"单改双"任务，一级一级分配"单改双"指标，这些指标没有因地制宜，有的指标反过来又成了下级上报"单改双"的数据。在下级没有完成也无法完成"单改双"指标任务的情况下，于是就想出形式主义的办法应付上级的检查。有的地方为了应付上级检查，在显眼的马路边种上"双季稻"，有的村和乡镇花钱为农民买种子、买化肥鼓励他们种上双季稻，人为加重了地方政府的财政负担甚至负债。地方政府的"单改双"管理只顾耕地的数量，不管农民效益和产品质量。有的农户被动完成任务，其收益反而比不上种单季稻，这种劳民伤财的形式主义"单改双"问题，在有些地方还比较严重。

二是"一刀切"的"单改双"侵权违法。农村产业发展在坚持社会主义方向的前提下，农民在不违背耕地"非农化""非粮化"的原则下，农民对农地有自主经营权，农民在耕地上怎么种怎样提高收益是农民对承包地的经营自主权。当前，有些地方政府为了推进"单改双"完成上级任务，强制农民种植双季稻，有的地方甚至以收回承包地相威胁，这是对农民经营自主权的侵害。我国刚刚颁布将于6月1日实施的《乡村振兴促进法》第四条第二款规定："坚持农民主体地位，充分尊重农民意愿，

保障农民民主权利和其他合法权益，调动农民的积极性、主动性、创造性，维护农民根本利益"，明确规定了在推进乡村振兴中要坚持农民的主体地位，充分尊重农民意愿，如果对农民种植单季稻还是双季稻实施"一刀切"，强制农民"单改双"，既是对农民自主经营权的侵害，也是违反《乡村振兴促进法》的法律原则的。

三是违背经济规律的"单改双"让农民伤心。农民种植行为是一种生产行为，也是一种市场行为，必须遵循市场经济的运行规律。《乡村振兴促进法》第四条第四款规定："充分发挥市场在资源配置中的决定性作用，更好发挥政府作用……激发农村发展活力。"要求我们在乡村振兴中的经济活动上要遵循市场经济的规律，管理农业生产活动要发挥市场的决定性作用。水稻"单改双"是农民的生产行为，政府只能用市场经济的手段引导农民"单改双"，强制农民去做是政府不依法行政。事实上，只要让农民的投入产出有更好的效益，农民就会自觉进行"单改双"，如果地方政府不顾农民收益，让农民干没有市场效益的事情，不仅不能调动农民的种粮积极性，反而会伤了农民的心，当然也不能真正推进粮食产量的增加。

三、确保"单改双"要政策给力让农民做主

总的来看，我国自 2020 年以来早稻的种植面积持续增加，但也面临一些现实困难和后期风险，农民的顾虑还比较多，迫切需要政府积极协调、主动作为，打通双季稻春耕备耕上的阻碍条件，在政策措施上进一步给力。

一是强化政策引导。国家粮食是公共产品，但是种植粮食的农民是一个市场主体，因此要农民种植粮食为国家粮食安全做贡献，农民必须得到同等的市场化经济效益，否则，国家必须向农民提供购买服务。水稻"单改双"的实践证明，只要国家政策好，农民有钱赚，农民就会积极生产粮食。因而国家必须强化政策引导，加大资金支撑力度，全方位完善种粮补贴种类。如加大农民"单改双"的育秧补贴、耕地地力补贴、种子化肥补贴、粮食适度规模经营补贴、稻谷目标价格补贴、农机补贴等，严格落实"谁种粮谁得补贴，不种粮不得补贴"政策，降低农民种田的劳动力成本。同时，要充分发挥好乡村两级组织的动员作用，采取集中流转、代耕代种、联耕联种等方式推动抛荒耕地复种，进而推进"单改双"。此外，还要加强早稻生产的"两保一投"政策实施，即保护价、保收购、加大投入。只有加大对农民的政策支持，提高粮食生产效益，建立科学完善的粮食生产补贴体系，让农民种粮有同等效益，农民才愿意种植粮食。

二是全力推进社会化服务。社会化服务是降低农户成本，缓解农户劳动力和技术短缺的有效途径，也能引导小农户搭上规模化的便车。如有些地方推进的集

中育秧政策，成为水稻"单改双"增快、恢复早稻面积的有效举措之一。当前，农业生产的社会化服务还很短缺，还需政府尽快出台仓储、冷藏等设施用地政策，进一步加大对种粮大户农田基础设施建设扶持力度，同时要提高补助和建设标准，特别是要对小农户提供相关的社会化服务，解除他们"单改双"的后顾之忧。

三是全面推广现代农机技术。 全面推广现代化的农机技术，是降低水稻种植人工成本，调动农民"单改双"积极性的重要举措。因此，要完善机耕道建设规划，采取综合宣传推广的方式，让现代农机技术能够真正发挥作用。加大农机补贴的精准化，为小农户的微型农机提供补贴支持，如果调动了广大小农户的"单改双"积极性，就会提高农业机械社会化服务的普及率。因而，加快引导农机服务企业降低成本提高效益，让小农户能够共享社会化服务的便利和优惠，也是推进"单改双"的有效举措。

四是强化种植技术支持。 "单改双"的目的不仅是增加水稻复种指数，而且是增加粮食总量，不能忽视了科学种植提高产量和效益的关键问题。因此，一方面，要帮助农民选好品种，政府可以统一采购，推荐优质的适合种植的双季稻品种，因地制宜做好宣传推广，结合实际，加强技术指导，防治伪劣种子祸害农民。另一方面，要加强技术培训，提升种植能力，提高农业生产知识和技能，做一些力所能及的事情，切实提升农民科学种田能力。与此同时，要增强农民应对自然风险的能力。要进行极端天气播报，做好自然灾害预警和防范工作，降低农民种粮的自然风险。

五是提高收购价格并推进深加工。 "单改双"对国家来说，是增加粮食总量确保粮食安全，但在高质量发展的新时代，提高粮食质量也是非常重要的。因而"单改双"一方面要引导农民生产优质稻，进一步提升最低收购价格，确保粮食丰收农民能够有效增收。另一方面，地方政府要支持进行粮食深加工，结合地域特色推出谷类即食食品等：如米棒、米团、炒米、雪饼、寿司、年糕等即食小食品。地方政府要拉长产业链条，完善供应链，为粮食的销路和价格保驾护航。

"单改双"提高耕地的复种指数和利用率，是我国人口大国保障粮食安全的重要手段，但是，在国家《乡村振兴促进法》即将实施之际，我们要坚持依法推进乡村振兴，依法进行农业管理，杜绝形式主义歪风，杜绝"一刀切"的简单粗暴作风，杜绝不按市场规律管理农业的政风，还农民乡村振兴的自主权，在产业发展上让农民自己做主，坚持农民说了算，激发农民乡村振兴的主体积极性。

（作者系湖南师范大学中国乡村振兴研究院教授）

◎责任编辑：汪义力

农村万象

农村没有李子柒，却是无数孤单老人的家园

⊙ 刘守英

　　我已经有好几年没回去了。[1] 一般家里有事我肯定回去，没事很少回，因为回去会有很多问题解决不了。老家的很多事，包括市里的一些难处、镇上的难处、村里的难处、周边老乡的难处，他们自己找不到解法，指望我去解决，实际上很多我也解决不了。县以下的很多问题，乡村本身解决不了。

　　我这次回去，一个很直观的感觉是，农民的整个状态，主要是物质状况，比想象的好。我八十年代初离开我们村的时候，挺悲观的，农民的辛劳程度太高，面朝黄土背朝天。几千年来，中国农民就是这个状况。那个时候，农民的问题，一是辛苦，二是收入来源少，穷。

　　第一，老百姓平均寿命变长了。我这次回去看到，老人活到七八十岁很正常。八九十年代，一个村，人能够活到 70 岁以上，都很稀罕了。老年人的面容也比原来要好，脸上有光，减轻了原来面朝黄土背朝天的那种劳累对生命的打击。能看出来，劳累程度降低了。

　　第二，农民的收入跟原来有很大变化。原来没有现金收入来源、没有活钱，极端地贫困；现在收入还过得去，不是太大的问题。只要家里有人在外面做工，稍微勤快一点，怎么都能挣到一些收入。养老是很大的一件事，但对老人，现在也不是钱的事——他的儿子、儿媳妇或者女儿出去打工，一年怎么都得给他留一点钱；他自己的养老金（一个月几百块）基本不会

---

[1] 注：湖北洪湖市的老家。

给子女，都在自己的账户上，一年去取几次（我问过他们）。老人手上有自己可以
攥着的钱，他在家就不会那么受歧视。

第三，农民的住房改善明显。这些年，农民出去打工（包括有一些在乡村干
活的），他整个资本积累、经济改善的状况基本都体现在他的房子上。八十年代，
农村住房很差，你进到一个村，是破败的；现在，一个村一整条路两边都是农民新
盖的房子。

第四，农村的公共设施比原来明显进步。从县城到我们村，不仅路畅通，而
且两边的景观也挺漂亮，显示出乡村摆脱贫困以后的景象。我离开村里的时候，
都是土路；现在，大的路都畅通了。村内的路，取决于这个地方的慈善状况——村
民有出去做公务员的捐一些，有一些小老板挣钱后捐一些。

第五，乡村的分化很严重。村里大部分农户的状况，无非是好一点差一点——
有的可能出去干得不错，已经能做企业；出去打工中比较勤快的，尽管比第一类差
一点，也还不错。但确实有极少部分农户，状况很不好，有的是因为生病、家庭
遇到不测，还有一些是家庭能力问题。

这是我从外表上看到的乡村变化的状况。

所有这些变化，实际上都是农民出村带来的。他的收入来源是出村带来的，
住房是出村挣的收入带来的。收入改善导致的农民精神状态变化，也是因为出村
带来的。当然，农民的这些变化，也配合有一定的公共服务——路、用水、养老。
总之，农民出村带来的变化是本质性的，而政府公共政策、公共品的提供，总体
来讲是到位的，对于改变过去乡村没着没落的状况，还是有贡献的。农民出村是
一件大事。如果没有农民的出村，乡村的状况跟我八十年代走的时候，应该是差
不多的。

我们看到了乡村的进步——最大的进步就是收入增加了、钱的来路增加了。
那么，问题在哪儿？令人担忧的地方在哪儿？

对现在的乡村来讲，令人担忧的是下面几个问题。

第一个问题：“人”。乡村的老人是“人”的最大的问题。最代表中国农业和农
民的是40、50和60后，这拨人是真正搞农业的，爱土地，乡土情结很重，而且
也不会离开村庄——他们也有出去的，但回来了，有在外面干的，也会回来。他
们是以乡村为归依，以土地为主要生活来源，以农业为主要职业。这批人现在的
问题是绝望。这种绝望，不是因为他没钱，而是整个社会大变革带来的。传统的
中国乡村，是一家一户、一代一代在一起；现在，老人身边常年没人。以前，家

里年轻一辈出去打工，孩子还留在农村，最起码老人还给孙子、孙女做饭，他还有存在感；现在这拨出去打工的年轻父母，小孩小的时候就带在身边，到小孩上初中时，有一个人回来陪读，初中在镇上、高中在县城。这样基本把老人跟传统的血缘关系、情感联系切断了，老人不是穷，而是极其孤单。我问过我们村的老人，他们到这个年纪，也没有什么农活。这些人一辈子干农活，当农活停掉以后，依托就没了。他的存在感、价值就没了，他就非常绝望。比如我们村，老人要么是打麻将，要么就是聚在一起，到村部听碟子。

中国几千年来追求的是一家人其乐融融，现在一下子没人了，传统的代际情感纽带断了。所以，他们主要是精神的、心灵的孤单。我们村十几个老人，我问他们，平常讨论最多的问题是什么。他们说，讨论最多的是怎么死。生病的，一是没人管、没人照顾，二是大笔开销，他怕给后人留麻烦，也没有那么大开销的能力。他们觉得自己没用了，对儿女也没什么用了。一些老人，当他身体状况不好的时候，还会采取一些极端的手段。至于心理的疾病，就更没人知道了。40、50、60后这些人，基本以乡村为归依。未来，他们的养老会成为非常大的问题。传统的养儿防老的时代，一去不复返。年轻人一年就回来几天，怎么可能养儿防老？

接着是70、80后。假设他们也跟之前的人一样，归宿也还是回到乡村，但他们没怎么从事过农业，至少参与不多，这些人未来回到村里，他不从事农业，他做什么？很有可能，这些人回来以后，就在镇上或县城买个房子，买个门面，开个小卖店——回乡，但不落村，也不落业。为什么这几年县城的房地产那么活跃，是跟这个相关。这样的话，70、80后，会跟乡村、乡土更加疏离，甚至处于一种阻断的状态——阻断的状态就麻烦了。

还有一类人：小孩。上一代人出去打工，孩子丢在家里，老人看着。但这一代人出去打工，是把孩子带在身边，但他不可能有精力管孩子。所以，农二代的孩子，在城市事故率极高。再就是孩子的心灵。原来是留守的孤独，但现在他从小在城市看到、接触的是城市对他们的不平等，从而带来心理问题——越是农村的孩子，越在意穿着、收入、是否被人家欺负。所以，看上去是把孩子带在身边，实际上没有解决根本问题。小孩上初中，家长最起码得有一个人回来陪读。现在很多农二代，实际是被孩子的教育拖回来的。这实际上阻断了这个家庭进入城市的进程，教育本身阻断了他们城市化的进程。

第二个问题："业"（产业）。整个乡村，年轻人只会出，不会进。大量的人走了以后，整个乡村就没有什么人了，"业"就起不来。人都走空了，谁来做"业"？

乡村振兴，怎么振兴?

现在整个农村，你看到的是产业的凋敝。原来农民都在农村，当他的收入来源主要是在农村，他会在乡村找很多办法：怎么样把农业搞得更精细一些、产量更高一点、卖的钱更多一点；多养几头猪、多养几头牛，增加一点副业收入；再不行，去做点买卖，把这个地方的东西倒到另外一个地方去卖，我帮你做点事，你帮我做点事……农村是靠这些。但这些东西的寄托，是人在乡村。现在，大家的收入主要是在城市挣来的，已经不指望在农村搞收入。在农村，找不到"业"的发展出路，这是非常要命的一件事。"业"就变得越来越单一。家里年轻人出去了，土地就交给年老的人——农民还是不轻易把地荒废掉；隔壁的几家人再走，走到家里老人都没了，这些地就交给邻居、亲戚来种……基本整个农村的"业"，就只是一个以土地为生的农业了。这是当前农业的第一个问题：乡村的经济活动更加单一化。这个"业"的问题在哪儿？当少数人从事的农业扩大规模以后，尽管有机械辅助，但这些人的劳累程度非常之高——这是我原来没有想到的。规模扩大以后，规模效益没有出来。比如，规模可能扩大到50亩，但这个农民为了使他经营的土地一年能够多留一些收入，他尽量少雇工、少用机械。这个"业"实际上成了留在农村的这些农民的内卷。他更密集地使用自己的劳动，更辛勤地去从事耕作、从事农业经营活动，以使一年下来留在自己口袋里的现金收入多一点。最后就变成，土地是规模了，农业是机械化了，但留下来的这些农村人农业收入低，而他付出的辛劳程度更高。二三十亩地，一年收入也就几万块钱，如果全部雇工、机械化，就剩不下来什么钱，所以他就把很多环节自己去辛苦。现在有些人说，扩大规模，一家经营扩大到200亩，就可以增加多少收入。但是扩到200亩，农业要素组合的匹配度要求更高，产前、产中、产后，机械化的耕种，各个环节成本的节约，需要更好的要素匹配来实现，一般农民做不到。做不到的话，规模越大，成本越高，农民为了节约成本，就更辛劳，也不可能做更大的经营规模。所以，农业的第二个问题是：这个产业本身在不断内卷，变成少部分人靠更辛劳的经济活动留下更多现金收入，而不是想象中的更加现代化、机械化、规模化。很多时候，不到农村，就容易想当然。农业的第三个问题是：期望乡村的产业更加多样化——比如三产融合、乡村旅游等，来支撑乡村更活、更复杂的业态，但问题是，需求在哪儿？不是所有的村庄都能通过城乡互动来实现产业多样化。我们不能把极少数村庄由城乡互动带来的变化，想当然地拓展认为大多数农区都能实现这样的。大多数传统农区乡村产业的多样化，是农工互补、农副互补，是农民靠着农业做点生计，靠一些副业、手工活动来增加收入，跟现在很多人讲的城乡互动带来的乡村产业的多样化、产业融合，完全是两个概念。大多数村庄是实现不了城乡互动的产业多样化的。

第三个问题：**住**。住房基本反映了农民经济状况的变化，我们确实看到了农民住房状况的改善——进到乡村以后，农民相互之间比来比去，张家盖了两层楼，李家一定要想办法盖得比他高一点。住房条件的改善，是改革以来乡村面貌最大的改变。包产到户的时候，农民有钱就盖房子，后来农民出去打工，有钱了，回来还是盖房子。这是农民基本的行为模式。它的好处是，带来整个乡村面貌的改变。问题是，乡村盖的这些房子，利用率极低。我这次回去，是晚上十点多进的村，整个 100 多户的村，差不多就只有五六户亮着灯。老人不在的，年轻人出去了，这家就锁着门，常年是黑的。这意味着，城市化以来，农民积累的大量资本，不是用于进一步扩大城市的资本形成，而是积累在他未来落叶归根的这些村落——回到乡村盖房、装修，不断添加房子里的东西，目的是备着他以后回来。但这些资本的利用率非常之低，几近闲置。

第四个问题：**占地**。现在农民盖房子，已经不在原来村落里盖，都盖在公路边。农民的住房从传统村落到路边，实际上是一场重大的村落改变。传统村落，是依水、依地而形成的，是为了农业经济活动的方便。现在农民为什么整体往公路边盖？这是一个人口迁移社会的表现：交通出行方便。从原来农耕社会村落的布局、空间形态，转变为迁移社会的形态。现在，我们把去农村看到的景象整个构图起来，你看到的乡村是：第一，人——老人的绝望，农二代的归属不定，留守儿童心灵创伤；第二，农村经济活动越来越单一、农业越来越内卷；第三，农民的住房明显改善，但占了大量农民在城市积累的资本，没有进一步在城市形成更大的资本积累，而变成在乡村闲置的要素；第四，大量耕地的占用——住房的占用。

这样看来，乡村振兴，任重道远！

（作者系中国人民大学经济学院院长）

◎责任编辑：李珊珊

法制经纬

城乡合作建房的难点及法律保障问题

⊙ 杨文

　　城乡合作建房是指农村集体或农民引入社会资金在新、旧宅基地上进行房屋合建，建成房屋由宅基地所有权人或使用权人与合建方按照约定条件共同享有的农村房屋。狭义上的城乡合作建房是指城里人为了改善居住环境、生活质量而下乡与农民在宅基地上合作建房的情形，本文所称的城乡合作建房是指狭义上的城乡合作建房。从湖南浏阳等土地改革试点区域的做法来看，"城乡合作建房"的具体做法是，由具有集体经济组织成员资格的村民提供宅基地，想去乡村养老或生活的城市一方主要出资，双方约定好产权归属，合作完成建房后，参与者都可以申请《不动产权证书》，双方各持一份。具有集体经济组织成员身份的农村居民一般在不动产登记中权利类型注明为"宅基地"，而不具有集体经济组织成员身份的城市居民一方注明期限为 40 ～ 70 年不等的"集体建设土地使用权"。在产权登记后城市居民通过城乡合作建房取得的房屋一般允许自由交易。

一、城乡合作建房的难点问题探析

（一）政策层面的难点分析

　　试点区的一举一动，都会被解读为改革风向标。宅基地是与农民相关度最高的一块地，其改革是农村改革的核心。城乡合作建房这个话题非常敏感争议又极大，在探索中得到肯定的同时也面临着诸多的社会质疑。城乡合作建房的性质是否等同于宅基地买卖,是否受到"限墅令"的影响,是否与强迫农民上楼有关,是否与小产权房相同,是否突破了农村土地的"三条底线",这些都必须进行探究予以明确。

1. **城乡合作建房等不等同于宅基地买卖?** "三权分置"将农村集体经济组织中宅基地权利剥离为集体经济组织对宅基地的所有权,集体经济组织成员对宅基地的使用权和资格权。城乡合作建房并不动摇农村集体经济组织对宅基地的所有权,也不动摇农村集体经济组织成员的资格权,仅仅是影响了农村集体经济组织成员对宅基地的使用权。并且这种影响不是所谓的剥夺原权利人的使用权,而是共用,并且不是对土地使用权的共用,而是对地上房屋使用权的共用,即与农民共用宅基地上房屋的使用权,城乡合作建房可以看作一种更长期的租赁权。在城乡合作建房中,宅基地还是登记在农村集体经济组织成员的名下,宅基地的所有权和资格权并没有发生转移,城乡合作建房完全不等同于宅基地的买卖。

2. **城乡合作建房受不受"限墅令"的限制?** 对于别墅而言,自然资源部门对其定义为:别墅是指带有私家花园的一至三层的独立式住宅。还有一说是别墅必须为独门独户,有独立厨房且容积率在一定标准之上的独栋建筑。不论哪种标准,对于城乡合作建房而言都是不符合别墅的定义的。城乡合作建房囿于有关部门对宅基地上面积的限制不可能出现私家花园这一重要形式属性,而且由农户和城里人共同享有房屋,也不会存在独户这种情况。关于容积标准,城乡合作建房需面对自然资源部门、农业农村部门和乡镇人民政府的严格监管,与一般农户建房并无区别,从试点区域来看,其占地面积的上限为 140 ~ 180 平方米,没有超过一般农民自建住房的面积限制,不可能出现与别墅同等的容积率。

3. **城乡合作建房是否意味着强迫农民上楼?** 城乡合作建房共用农民房屋使用权与强迫农民"上楼"实质上并非一回事。强迫农民"上楼"其突出表现就在一个"被"或者"强迫"上,而城乡合作建房的起点就是要与宅基地使用权人,即该农民达成合意,这种合意是双方的,是基于自愿公平的。城乡合作建房当事人双方在房屋建设完成后仍然一同居住在原来宅基地新建的房屋中,并没有逼农民住向别处。故不存在所谓的"强迫"。可以说,城乡合作建房不仅没有逼农民上楼,反而在一定程度上保障了农民在自己宅基地上房屋的使用权和居住权,改善了农民的生活环境和条件,只要在法律监督下运作,必然是实实在在惠农利农的好举措,真正实现了农民对自己产权的自愿处分,与强迫农民上楼无关。

4. **城乡合作建房属不属于小产权房?** 城乡合作建房与小产权房是有本质区别的。小产权房是法律之外的产物,是法律和政策明确禁止的,自取得时起便不具备合法性，只有集体颁发的权属证明，没有国家不动产管理部门颁发的合法权属证明。而城乡合作建房开始时法律和政策就是明确许可的，建房过程中面临着相关法律法规规章的监管，严格在法律政策允许的范围内实施，一般都予以办理不动产权证书。此外，小产权房一般具有开发性质，一般是成片开发，建设面积和规模较大，且以对外销售为目的。而城乡合作建房则一般仅限于返乡下乡人员和当地农民之间，目的在于保障基本居住使用，其面积和层高等都面临法律法规的严格限制。

5. 城乡合作建房有没有突破"三条底线"？ 一是针对土地公有制限制没有突破。城乡合作建房不涉及土地所有权的变更，对土地公有制度不会产生任何影响。二是城乡合作建房对耕地红线无影响。城乡合作建房主要是在宅基地上与农民共建房屋，面临着法律法规的严格监管，不会突破耕地红线的限制。三是城乡合作建房不会损害农民的利益。对于城里人而言，其出资建房获得了在农民宅基地上房屋有期限的使用权，满足了其对低密度居住环境的需求。合作建房中农民不需要退出宅基地，在资格权得到依法保护的前提下免去了后顾之忧，可以很好地满足其改善住房的需求，增加农民的财产性收入。

（二）法律层面的难点分析

1. 城乡合作建房有没有违反法律的强制性规定？ 关于城乡合作建房本身并没有法律的禁止性规定，主要障碍在于宅基地使用权有很强的人身依附性，原来在司法实践中将其倾向于认定为房屋买卖行为，而认定农村宅基地上房屋买卖合同无效的原因在于原《中华人民共和国土地管理法》第八条第二款、第四十三条、第六十三条的规定，而该法在 2019 年 8 月 26 日第十三届全国人民代表大会常务委员会第十二次会议进行了修订。

从新修订的《土地管理法》来看，原司法实践中判决合同无效的主要法律依据，即原《土地管理法》第四十三条"任何单位和个人进行建设，需要使用土地的，必须依法申请使用国有土地"和第六十三条"农民集体所有的土地的使用权不得出让、转让或者出租用于非农业建设"的条文在本次新修订中都已经删除。尽管新《土地管理法》六十二条保留了原法六十二条"农村村民出卖、出租、赠与住宅后，再申请宅基地的，不予批准"的规定，但这个"再申请受限"的条款显然不属于法律的禁止性条款，只是通过对转让人以不再审批宅基地的方式制约以转让宅基地牟利的行为。

关于农村宅基地上房屋买卖合同的效力的问题，目前的主要障碍条款便是新修订的《土地管理法》第九条保留的原《土地管理法》第八条第二款中关于"宅基地和自留地、自留山，属于农民集体所有"之规定如果涉及农村宅基地的买卖，目前法律和司法都倾向于是禁止的行为，也不符合我国的国情和现状，预计将来在这点上很难有所突破。

宅基地"三权分置"正式提出后，在买卖不涉及宅基地所有权和保障宅基地农户资格权的情况下，积极探索落实适度放活宅基地及农民房屋使用权的具体路径和办法则是被允许和鼓励的，新修订的《土地管理法》第六十二条的第六款便增加了"鼓励农村集体经济组织及其成员盘活利用闲置宅基地和闲置住宅"的规定。城乡合作建房作为改革试点区域的主要成果之一，已经获得了中央和改革主管部门的肯定，第二轮改革的继续试点和相关政策的出台便是力证。

综上，城乡合作建房没有违反法律的强制性规定。

2. 城乡合作建房的司法政策应不应该予以调整? 城乡合作建房原来在司法实践中倾向于认定为房屋买卖行为，其实这个定性是值得商榷的。尤其在宅基地"三权分置"提出后，关于农村宅基地所有权、资格权和使用权三权的权利架构非常清晰，宅基地的人身依附性主要体现为农村集体经济组织成员对宅基地的资格权，对宅基地和农民房屋使用权则允许适度放活。城乡合作建房并不涉及土地所有权的处分，资格权也仍然归属于具有集体经济组织成员的农户所有，其仅仅是一种在一定期限内使用权的共享和让渡。因此对城乡合作建房的定性不应该被曲解，对其合同效力需要重新进行审视，在政策已经许可的情况下应该逐渐被司法接受和认可。

从法理角度来说，关于城乡合作建房在法律上并未明文禁止，根据"法无禁止即自由"的原则，城乡合作建房也应当要被司法实践所认可。民事主体从事民事活动，尊重双方的真实意思表示，司法不宜随便介入予以评价。在法律没有明文禁止而政策又已经放开的背景下，司法政策如果过于保守，势必让制度创新的动能受挫，一定程度上也与目前倡导的城乡融合发展和要素双向流动、农民财产性收入增加的政策初衷相悖。尤其是在诉讼中一方向人民法院主张合同无效，更多的是为了己方利益（如拆迁补偿利益）的最大化，这种排他对相对方明显不公平，明显有违诚实信用原则和社会主义核心价值观，不利于社会交易秩序的安全稳定和良好社会风气的维护。

二、城乡合作建房的法律保障问题思考

城乡合作建房到底该如何保障和推进，首要便在于将其纳入法治化轨道，笔者建议具体从以下方面着手。

（一）立法层面：将"城乡合作建房"明确入法

国家层面：建议将《中华人民共和国土地管理法》第六十二条的第六款"鼓励农村集体经济组织及其成员盘活利用闲置宅基地和闲置住宅"的规定进一步明确，将其修订为"在符合'一户一宅'等农村宅基地管理规定和相关规划、尊重农民意愿前提下，鼓励农村集体经济组织及其成员以租赁、城乡居民合作共建的方式盘活利用闲置宅基地和闲置住宅，改善农村村民生活和增加农民的财产性收入"，或在《中华人民共和国土地管理法实施条例》的修订中进一步明确。

地方层面：各地也可以参考《江西省乡村振兴促进条例》，根据本土实际立好操作和实施性强的地方性法规，在各地的《乡村振兴促进条例》《实施〈中华人民共和国土地管理法〉办法》中将城乡居民合作建房入法。

（二）制度层面：优化构建城乡合作建房的相关配套制度

城乡合作建房想要在国内推行，必须有制度性的保障。建议对城乡合作建房的产权登记、产权交易等配套制度不断进行完善，具体可以参考《张家界市城乡居民合作建房管理办法（试行）》的相关条款规定。

在产权登记方面，规定合作方可以在所属县级不动产登记中心共同申请办理城乡居民合作建房《不动产权证书》登记;《不动产权证书》按照"房地一体、三权分置"原则进行统一登记，合作方各执一份，并在《不动产权证书》的"权利人"一栏备注各自的权利类型；宅基地所有权登记为村集体经济组织，宅基地资格权登记为农户，宅基地使用权和房屋所有权则根据合作建房协议约定予以登记。

在产权交易方面，规定已取得城乡居民合作建房《不动产权证书》的土地使用权和房屋所有权，可以在征得原全部合作方书面同意的前提下，以转让、抵押、入股等方式流转给其他组织或个人；土地使用权和房屋所有权转让的，应当签订书面合同，原合作建房双方的相关权利、义务随之转移，且受让方可以继续申请办理城乡居民合作建房《不动产权证书》登记。

（三）执法层面：转变对城乡合作建房的执法理念和执法重点

对于城乡合作建房，法律并未明确禁止，政策已经允许，对各方又是有益和共赢的，执法机关应当报以宽缓的态度予以保护。对农村建房的违法行为尤其是占用耕地和违规多占多建的行为予以严厉打击，保护好耕地红线和加强对土地集约化利用的管控，对城乡合作建房这种自治的私权利处分行为不宜轻易介入进行干预，使政策能更好地落地实施。

（四）司法层面：规范城乡合作建房的司法裁判标准和尺度

在司法层面，对城乡合作建房要深入探究其背后的真实法律关系，调整并明确目前的相关司法政策。当审判人员审判逻辑与国家政策保持一致时，应当由高层级的法院挑选出典型案例，甚至由最高人民法院审判委员会推出指导案例，对裁判观点加以明确。对下级法院以及有关的司法人员不断宣传，加强其学习，最终在全国范围内统一宅基地上城乡合作建房的裁判标准和尺度。

（五）保障层面：加强城乡合作建房的法律服务供给

城乡合作建房交易模式复杂，要引导律师等专业人士前期介入，以法律服务搭建信任桥梁，引导和促进交易。同时将大量可能的纠纷化解在萌芽状态，公平地保护好投资者以及当地民众的合法权益，推动诚信社会和"法治乡村"建设，更好地保障和助力乡村振兴。

（作者系湖南师范大学中国乡村振兴研究院乡村法律研究所主任、特约研究员，湖南望龙律师事务所主任）

◎责任编辑：李珊珊

村集体分配集体收益需遵守相关法律规定

⊙ 李咸武

随着乡村振兴战略的实施，农村集体经济组织拥有更多的公共收益。与此同时，在广大农村地区，还存在乡土观念与法治观念相冲突，村集体在分配集体经济收益时的一些做法与法律的规定不一致等情况。近年来，涉及农村集体经济组织收益分配纠纷越来越多，诉诸到法院的此类争议案件也明显增加。其中，集体经济收益包括：土地征收补偿费用、安置补助费、集体资产经营收益等。村集体在分配集体收益时，在坚持村民自治的原则下，还需要遵守相关法律的规定。

一、集体经济收益分配方案需由村民会议讨论决定

集体经济收益分配涉及全体集体经济组织成员的重大利益，关乎每个家庭的重大事项，需要由村民共同决定。根据《村民委员会组织法》第二十四条的规定，涉及集体经济收益分配的事项，应当由村民会议讨论决定后方可办理。村民自治是我国一项基本的政治制度，全体村民有权自主决定本村的各项事务。但村民自治并不意味着村可以成为独立王国，村民自治仍然需要遵循国家的法律法规。

对于村集体在分配集体经济收益时，我国法律做了两个方面的要求。一方面是程序上的要求，村民会议在做出分配方案时，需要符合民主程序。根据《村民委员会组织法》第二十二条规定，召开村民会议，应当有本村十八周岁以上村民的过半数，或者本

村三分之二以上的户代表参加，村民会议所作决定应当经到会人员的过半数通过。另一方面是内容上的要求，《村民委员会组织法》第二十七条规定，村民自治章程、村规民约以及村民会议或者村民代表会议的决定不得与宪法、法律、法规和国家的政策相抵触，不得有侵犯村民的人身权利、民主权利和合法财产权利的内容。因此，村集体在分配集体经济收益时，需要符合以上两个方面的要求，否则可能被认定为无效的分配。

二、集体经济组织成员资格的认定

村民要享受集体经济收益分配，前提条件是该村民被认定为该集体经济组织的成员。随着市场经济的不断发展，城镇化的不断推进，乡村的人员流动越来越频繁，乡村的人员结构也越来越复杂，在集体经济组织成员认定上也出现了新情况、新问题。目前，针对集体经济组织成员资格问题，在国家层面还没有专门的法律规定，也没有全国统一的认定标准。不少地方的法院、政府出台了有关的司法意见、政策性文件，这成为当地司法机关审理集体经济组织成员资格纠纷的重要参考。

在司法实践中，对于是否具有集体经济组织成员资格，法院一般会根据户籍情况、实际生产、生活以及是否依赖集体组织的土地作为基本生活保障等因素来综合判断。根据笔者所办理案件的经验，有几个方面的要素对于集体经济组织成员认定是至关重要的。一是出生，看父母是否是本集体经济组织的成员，本人是否在本村长大；二是户籍，本人的户籍是否在村集体；三是田土，本人是否在村集体承包了责任田，或者在土地承包证上有自己的名字；四是生活，本人是否在本村生活，或者跟村集体有无紧密联系；五是婚姻，看本人是否因为婚姻关系跟村集体产生联系；六是收养，本人是否跟村集体成员形成收养关系等。

三、几类特殊人群在集体经济收益分配中的权利保障

在笔者办案过程中，发现有几类特殊的群体，在集体经济收益分配过程中存在较大争议，也是向法院起诉最多的群体。

"外嫁女"。"外嫁女"并非一个法律概念，是一个乡俗称谓，笔者用这个概念并非对妇女的歧视，只是为了讨论问题的需要。根据《中华人民共和国妇女权益保障法》的规定，妇女在农村土地承包经营、集体经济组织收益分配、土地征收

或者征用补偿费用使用以及宅基地使用等方面，享有与男子平等的权利。任何组织和个人不得以妇女未婚、结婚、离婚、丧偶等为由，侵害妇女在农村集体经济组织中的各项权益。在一般情况下，对于出嫁的妇女，户籍未迁出、在村集体分得承包地的情况下，主张集体经济收益分配会获得法院的支持。

"招郎户"。男女双方结婚后，既可在男方家居住，也可在女方家居住，在乡村观念里面，男方去女方家居住视为入赘。入赘人员要在村集体获得收益分配，一般要满足几个方面的条件：一是，户口迁入，在村集体生活；二是，根据一个村民只能享受一个村集体经济组织成员身份的原则，入赘村民若想在本集体经济组织分配收益，需放弃原集体组织成员资格身份，放弃在原集体经济组织承包的土地、利益。

"独生子女户"。为实施计划生育政策，我国对领取《独生子女光荣证》的家庭实施各项优待，各地方也根据《计划生育法》对于独生子女家庭在分配集体经济收益方面做了细化。根据《湖南省人口与计划生育条例》第二十二条规定，农村集体经济组织分配集体经济收益、征地补偿费时，对独生子女家庭增加一人份额；在划分宅基地、扶持生产、介绍就业等方面，对独生子女家庭给予照顾。因此，对于独生子女家庭，在分配集体经济收益时，应增加一个人的份额。

为了避免纠纷产生，保证村民的权益，村集体在制定集体经济收益分配方案时，可以聘请专业的律师参与。村民在发现自己权益受侵犯时，也可以聘请专业律师代理诉讼。

（作者系湖南弘一律师事务所专职律师律所党委委员、乡村振兴法律事务部部长）

◎责任编辑：李珊珊

前沿报导

"背母打工"背后：农村老人的养老现状

⊙ 陈竹君

　　这几天网上有个热门小视频，题目是《火车站等车看到的一幕，一男子背着母亲去打工，你被感动了吗？》，画面上一位三十来岁的小伙子背上背着一位老人，在排队等候上车。时间应该是夏秋之交，等车的人大都穿着短袖、衬衫或者薄外套，而背上的老人却穿着厚棉袄，戴着厚棉帽，可以想见老人身体非病即弱。从老人的满头白发推测，老人应该在 70 岁以上。视频画面展示了网友的感慨留言："你养我小我养你老"，还配上了煽情的音乐，让人不胜唏嘘。小伙子为什么背着母亲去打工？显然不是为了向大家展示自己的孝心，让人感动一把，而是实在没有其他办法。当下农村老人普遍陷入养老困境，农村养老问题的严重程度已经到了迫切需要解决的时候了。

　　笔者五年前曾发表过一篇文章《农村老人的自杀现象：不能承受的暮年之忧》，以我的家乡——湖北省荆门市沙洋县的农村地区为例，描述分析了农村老人自杀现象及其成因，其中缺少养老金和医疗保障是农村老人自杀的主要原因。2016 年，国家出台了《关于整合城乡居民基本医疗保险制度的意见》，此后农村逐渐建立起了统一的城乡居民医保制度，农民看病的报销比例比过去大了许多，因病致贫的现象有所缓解。近几年，湖北荆门农村地区还出台了一种新的惠老政策，由政府出面、新农保出钱，请护工来护理生活不能自理的农村老人，这对有失能老人的农村家庭来说真是雪中送炭，老人的焦虑心情得到了很大的缓解，子女也稍稍松了一口气。

但是，就笔者近期对湖北荆门沙洋县农村地区的观察，虽然已经全面脱贫，农民生活状况与以往相比有了很大改善，但农村老人的养老问题仍然很严重，突出表现在以下几个方面：

一是养老金金额太少，且增长过缓。 就荆门市沙洋县来说，我的母亲今年87岁，2017年每月养老金是100元，现在每月是120元，5年增长了20元。村里的一位邻居今年68岁，8年前满60岁时每月养老金是80元，今年增加到103元，8年增长了23元。以上是没有交纳养老保险的例子。另一位亲戚今年61岁，10年前开始交养老保险，现在每月领到的养老金是118元。与此相反的是，新农保的缴费最低金额从最初的每人每年100元增加到了现在的300多元；新农合的缴费金额从最初的每人每年30元增加到了现在的每人每年300元（其中包含了上文所说的失能老人护理费，其实是由农民交的医保费中支出）。当然，与2012年之前农民无养老金的情况相比，这已经是很大的进步了，但与这一代农民对国家的贡献相比，这个数字实在太少。目前领取养老金的农民，最小的都是1961年以前出生，从建国到1978年改革开放的30年，是农民为国家付出牺牲最大的30年。笔者小时候在乡下长大，亲眼见过父辈和兄姐不分白天黑夜为集体劳作的场景。父母在一年的辛苦劳作后，得到的仅仅是全家的口粮，余钱基本上是没有的，年终谁家若能分得几块钱，那都是天大的惊喜。从农民的贡献来看，这点养老金与他们的付出是不成比例的。当然有的人会提出，农民有田地，可以种田挣钱，但长期以来农产品价格偏低，而种子、化肥等生产资料价格上涨迅速，农民种田的纯收入每亩每年不过几百元，仅能保证基本的温饱。退一步说，就算农村70岁以下的老人还能靠土地和农闲时打工养活自己，那么随着人均寿命的增加，农村70岁以上的老人越来越多，他们大多数是种不来田地的，靠每月100元出头的养老金，他们的生活水准如何，可以想见。

二是劳动繁重，生存压力大。 在城市，人到60岁退休后，可以过上相对轻闲的生活。而在农村，60岁到70岁算是壮劳力，是种田的主力；70岁以上，甚至80多岁的老人，只要还能走动，也大都在农田劳作，最不济也种着菜园、养着鱼塘，自食其力。并非他们天生爱劳动，而是不得不如此。60岁到70岁的人，他们的儿女年龄大都在35～45岁之间，正是压力最大的农二代（有人把农村改革开放前出生的叫作农一代，他们的后代到城里打工的称作农二代）。以我父母所在的村子来说，农二代大都没有学过做农活，现在全部在城镇打工，也都在城市安家落户。以农民工微薄的工资，要供房子、养孩子，是根本支付不起的，因此他们年老的父母甚至祖父母，都要不停地劳动，帮他们还房贷。农二代就算有幸在城里找到较好的工作，收入也远远不够支付高昂的房价和子女教育费用，仍需要"六个口袋"的支持。70岁以上的农村老人，就算他们已经帮儿女还清了房贷，他们的生活压力也轻不到哪儿去，因为儿女没有多余的钱补贴他们，他们必须攒钱为自己将来的日子打算。而且，在经济不太稳定的形势下，农二代还经常会遇到失业、房贷还不上，甚至生活费都无着的情况。这次疫情就是个例子。疫情期间，我的侄儿侄女在城镇开的店铺都关门歇业，前后近半年的时间没有任何收入，而店铺租金、房贷、孩子上学的钱却是一分都不少交，这些开支大都由他们的父母帮助支付，我兄姐多年的积蓄为之一空。

三是缺少子女关爱照顾。60 ~ 70岁的农一代，是正赶上计划生育的一代人，他们响应国家的号召，只生一个或最多两个孩子（当时农村的政策，如果头胎是女孩，或头胎虽是男孩但有残疾，可以生第二胎）。如今这些农二代已在城里安家，不可能再回农村，而由于城里的房子小、生活成本高、代际关系难处理等多方面的原因，农一代父母很少会与子女一起住在城里。他们完成了带孙子孙女的任务后（一般带到上小学），大多数仍旧会回到农村。儿女在城里，996、白加黑，忙得乾坤颠倒，很少有时间和精力照顾父母，节假日回家也是来去匆匆。因此，农一代精神上、情感上受冷落是司空见惯的事。如果父母有一方不幸亡故，剩下的那个就格外孤苦。有的农二代会把孤独的父亲或母亲接到城里，就像文章开头所提到的那个背母打工的小伙子。但这样的例子是非常少见的，在巨大的经济压力面前，人们不得不掂量"孝心"的时代内涵。父母为了不给孩子添麻烦，大多数也会选择留在乡下。为了让孩子活得轻松点，他们尽可能不去打扰孩子，为了孩子，他们什么苦难都能承受。

当前，农村老龄化的趋势是显而易见的事实。据第七次人口普查数据，目前我国生活在农村的60岁及以上人口有1.2亿人，占农村人口比例达到23.81%，比城镇高7.9%，比全国平均水平18.7%也高出许多，农村已经进入中度老龄化阶段。而与此相对的是，农村的养老条件远远滞后于城市。前文所说的失能老人护理政策有非常严格的条件限定，必须是卧床不起才能享受，但凡能下床走动，即使有很严重的残疾，也是不能享受这一优待的。基层的养老院收费高不说，硬件设施和管理水平也大多很落后，老人们是不愿意去的。与城镇老人相比，农村老人的生活质量实在堪忧。

关于提高农村老人的养老待遇，多年来一直有人在呼吁，也得到了各级政府的重视，但总体来说工作进展跟不上问题严重化的速度。据北京大学社会学系陆杰华教授的研究，农民与城镇居民的养老金相差达 22 倍，城市远高于农村，这在世界上都属罕见。无论是从哪方面来说，提高农村老人养老水平都是当下应该着手做的事。"老有所养"是民生大事，是党执政为民理念的具体体现。农一代年轻时被严格的城乡二元户籍制度固定在土地上，为国家无偿交公粮、修水利，为建设农村作出了巨大的牺牲与贡献，农民的贡献与工人为国家建设所作的贡献同等重要！当初我们的国家一穷二白，农民为国家作出牺牲也属应该，但现在国家富了，国家富裕的功劳簿上有农民重重的一笔，让农民"老有所养"，是他们应该得到的回报，也是"共同富裕"所追求的目标。在传统的农村社会，农民养老基本上靠的是子女，因此有"养儿防老"的传统，目的是避免老无所依。因此在改革开放前，一般农民家庭都生有三个以上孩子。1970 年代晚期，农村开始实行计划生育，当时正值生育年龄的农一代相信"计划生育好，政府来养老"，积极响应国家号召，只生一个或最多生两个，他们把养老的大部分希望寄托在政府身上，现在是政府履行责任的时候了。

从现实层面来说，政府在不增加额外财政支出的条件下，提高农民的养老金也是可以做到的。前面说过，农民与城镇居民养老金的差距是 22 倍。政府可以通过政策手段，统筹城乡，改革养老金上调机制，高的少调低的多调，形成制度，将差距逐年缩小。与此同时，大力建设农村养老机构。现有的公办养老机构只到乡一级，满足不了日益增长的需求。政府可鼓励以村甚至以村民小组为单位，开展村民互助，集体养老，政府不必投入太多的资金，由老人们自行集资雇人照料，政府主要负责监管和指导。以上都是具有可操作性的办法。除此之外，以查抄地方贪官的赃款来建设当地农村养老机构，也不失为一种办法，毕竟羊毛出在羊身上，这些贪官贪的是当地老百姓的钱。中国农民历来有知足常乐的特质，他们的要求并不高。根据我在乡下的调查，农民大都认为每月有三四百元的养老金就心满意足了！当务之急，可以先一次性将 70 岁以上老人的养老金上调至每月 300 元以上，让他们付得起基本生活费，再逐年上调 60～70 岁农民的养老金，确保他们在失去劳动能力后还能养活自己，让这些为国家建设作出过牺牲和贡献的人有一个有尊严的晚年。

（作者系中共北京市朝阳区委党校教师）

◎责任编辑：汪义力

海外窗口

美国家庭农场的发展与启示

⊙ 张红宇　寇广增　李琳　李巧巧

近几年，我国各类新型农业经营主体快速发展，其中家庭农场在建设现代农业，尤其是在农业的直接生产经营环节中发挥着越来越重要的作用，对此社会各界都给予了高度关注。从长远看，家庭农场是不是我国未来农产品生产的主要经营形式，是不是普通农户的发展方向，政策应如何随之调整，是需要认真思考的前瞻性话题。为此，近期我们对美国家庭农场的发展变化进行了专题考察。

一、家庭农场支撑了美国现代农业的发展

美国农业竞争力位居世界前列。除了得益于其广袤丰富的自然资源、人少地多的优良先天条件之外，作为农业生产基本单元的家庭农场扮演了不可或缺的重要角色。到 2016 年底，美国农场总量为 206 万个，经营土地面积达 9.11 亿英亩。据美国农业部首席经济学家办公室 Warren Preston 介绍，在美国农业多元经营主体中，采用家庭经营方式的农场占绝大部分，比重高达 98.7%。可以说，家庭农场是美国农业生产的主体、农业经营组织体系的核心，各类农民专业合作社、农业公司、社会化服务以及协会组织，均是围绕家庭农场而生，国家农业支持保护政策也随着家庭农场的发展变化而不断演进调整。由此形成了以家庭农场为主体、相关服务组织为支撑、政策支持为保障的现代农业经营体系，支撑着美国农业在全球竞争中保持着明显的比较优势。据美国农业部统计，在 2015—2016 年度，美国玉米产量达 3.46 亿吨，占全球总产量的 35.96%，出口量达 0.48 亿吨，占全球出口总量的 39.81%，两者均居世界第一；大豆产量达 1.07 亿吨，占全球总产量的 34.14%，出口量达 0.53 亿吨，占全球出口总量的

39.83%，分别居世界第一和第二；棉花产量1289万包，占全球总产量的13.36%，出口量达915万包，占全球出口总量的25.94%，分别居世界第三和第一。

近年来，随着全球经济一体化程度加深、农产品价格大幅波动、人口老龄化加剧，美国家庭农场也在不断发展变化，表现出比较鲜明的阶段性特征。

一是家庭农场总量减少、规模扩大。 美国农场数量在20世纪30年代达到最高点，随后保持下降态势。其背景是：美国经济从大萧条中缓慢复苏，非农就业恢复增长，在农业机械化不断提高劳动生产效率的同时，对农业从业人员的需求数量不断下降，在"一拉一挤"的相互作用之下，越来越多的农民退出农场经营。据美国农业部统计，农场数量从1935年的681.4万个下降到1990年215万个，平均每年减少8万个。随后保持大体稳定并进入缓慢下降区间，到2016年美国农场总量为206万个，比2015年又减少了8000个。与此同时，单个农场的规模在逐步扩大，经营土地面积从1950年的212英亩增长到2016年的442英亩，翻了一倍多。我们考察的Dollins农场，由Dollins夫妻共同拥有并经营，1980年创建之初只有800英亩土地，随后不断租入附近的农地，现在经营规模已达7000英亩，其中种植水稻、干草和燕麦1000英亩，其余为牧场，养殖肉牛800多头。农场经过30多年的积累，规模不断扩张，周围的很多农场都有类似的成长经历，从一定侧面反映了美国农场的发展变迁。

这种总量减少、规模扩大的趋势不只发生在美国，欧洲也是如此。早期，家庭农场的数量不断增加，而在数量发展到顶峰之后，家庭农场数量则逐步减少，并呈现规模扩大的趋势。瑞典1900年有家庭农场51万家，到1983年减少到11.4万家，到2015年再减少到6.7万家，相应地平均规模逐步由1980年的39公顷扩大到2015年的46公顷。丹麦1903年有家庭农场26万家，到1964年减少到17.5万家，到2015年再减少到3.8万家，相应地平均规模则由1970年的21公顷扩大到2015年的70公顷。法国家庭农场1955年有229万个，到1997年减少到68万个，相应地平均规模从1955年的16公顷扩大到1997年的41.7公顷。

二是家庭农场多元分化、集中度日渐提高。 美国家庭农场形式多样并呈多元分化趋势，在小型农场逐渐大型化发展的同时，大型农场的市场竞争力越来越强。美国农业部经济研究服务局Kent Lanclos介绍，美国将农场分为四大类：小型家庭农场，农场年收入低于35万美元，占农场总数量的89.7%；中型家庭农场，农场年收入在35万美元和100万美元之间，占比6.1%；大型家庭农场，农场年收入超过100万美元，占比2.9%；非家庭农场，采用非家庭经营方式的农场，占比1.3%。

从农产品产出看，大型家庭农场所占比重越来越大。虽然小型家庭农场占数量的 90%、经营土地面积占 48%，但仅产出了农产品总量的 24.2%。大型家庭农场数量虽然不足 3%，经营土地面积比重却达 23%，农产品产出比重则高达 42.4%。大型农场的产出份额相比于其 1991 年的 32%，25 年时间增长了超过 10 个百分点。大型家庭农场农产品产出比重的大幅提升，说明其土地产出率、劳动生产率相较于中小型家庭农场而言有更快的提升速度。从经营效益看，大型家庭农场的利润率更高。2015 年，42% 的大型家庭农场营业利润率在 25% 以上，而只有 16% 的小型家庭农场营业利润率达到 25% 这一水平。与此同时，小型家庭农场比大型家庭农场表现出更高的经营风险。从农场主财产看，大型家庭农场再投资能力更强。2015 年，大型家庭农场的财产中位数为小型家庭农场的 4～5 倍，更有意愿与能力投资农机、设施设备和扩大农场经营规模。考察的 Gertson 农场，由 Gertson 夫妻和他们的四个儿子共同拥有并经营，自有土地 4000 英亩、租赁土地 4000 英亩，其中 3000 英亩种植水稻，其余用于养殖 260 头母牛。农场除了拥有大大小小几十台农机设备外，还购买了喷洒农药的小型飞机，建设了可一次性存储 1600 万磅水稻的储藏塔。

三是土地出租增速较快、租地农场更为普遍。从美国历史情况来看，农场主耕种自己所有的土地居多。1964 年农场主经营自有土地的比例达到历史最高点，约占农场用地总量的三分之二。但随着城镇化进程加快、老龄化人口增多，一些农场主退休之后，子女不愿接班从事农业；一些农场男主人去世之后，女主人没有能力继续经营农场，导致越来越多的土地被出租。据美国农业部统计，到 2014 年底美国农地出租的比例高达 39%，特别是用于种植大豆、玉米、小麦、棉花等的土地出租比例超过了 50%，种植水稻的土地出租比例甚至超过了 80%。现阶段美国家庭农场中，自己拥有一部分土地并租赁一部分土地的租地型农场越来越普遍，所占农场数量的比例从 1935 年的 25% 提高到了 2012 年的 54%。据 Brookshire Drying 公司负责人介绍，美国土地虽然可以买卖，但价格偏高，一般农场主难以承受，在密西西比州离高速公路较近的土地每英亩达到了 6000～8000 美元。Dollins 农场主于 1980 年买下 800 英亩土地，用了 20 年时间才付清所有地款，而美国租地费用较低，每年租金仅占亩均生产成本的 10%—20%，且税负低，经济上划算。美国水稻生产者联合会负责人预计，土地出租比例还将进一步扩大，租地农场还将进一步增多。

四是家庭农场经营高度市场化、国际化。美国是世界农产品出口第一大国，这决定了美国家庭农场的市场化、国际化的程度很高。在一个典型的水稻产业链中，Dollins 和 Gertson 农场负责水稻种植，Rice Tec 公司负责良种繁育，Brookshire Drying 公司负责稻谷烘干，还有专业公司负责水稻加工和销售，美国水稻生产者联合会代表农场主的利益负责对外公关、争取政策支持，整个体系有机结合、优势互补、自行运转，政府对于他们的生产经营很少介入和干预。Dollins 农场经过三代人积累达到现在的规模，雇佣 4 个墨西哥人从事田间劳作；Gertson 农场进行公司化运作，四个儿子各负责一块业务：大儿子负责养牛，二儿子负责市场营销，三儿子负责水稻种植，四儿子负责财务，大米销售到中东、南美等地；Brookshire Drying 公司由 5 个农场主组建，为休斯顿当地水稻农场提供烘干服务，所有设施设备、厂房均为农场主自己投资建设，政府没有提供补贴；农场主每销售 100 美元水稻，自愿向美国水稻生产者联合会捐款 3 美分；Rice Tec 公司每年向中国隆平高科公司支付几百万美元的专利许可费用。在这种高度的资源全球化、运营市场化、市场外向化的情况下，农场主及其利益相关者非常关心水稻价格行情和进出口形势变化。

为更好服务于家庭农场发展，美国农业支持保护政策也不断调整完善，特别是 2014 年通过的农业法案，构建了促进家庭农场持续健康发展的政策保障网。

一方面，适应家庭农场市场化、国际化发展的需要，符合世界贸易组织规则约束，把直接支付补贴项目调整为风险保障计划。农产品出口是拉动美国现代农业发展的重要驱动力之一，但早期美国以价格支持为主的政策体系以及对农产品的高额补贴，遭到一些国家的反补贴诉讼。为了使国内农业支持保护政策符合世界贸易组织规则约束，不降低农业支持力度，新的农业法案取消了每年 50 亿美元的直接支付补贴项目，采用了市场化程度更高的风险保障计划。一是价格损失保障计划。它是反周期支付项目的替代。利用芝加哥期货交易所的价格发现功能，当国内农产品市场价格 12 个月的平均值低于农业法案中设定的参考价格时，价格损失保障计划即被触发。二是农业收入风险补助计划。它是平均作物收入选择计划的替代。当实际农作物收入低于农场近 5 年平均收入水平的 86% 时，农业收入风险补助计划即被触发。对于这两个计划，农场主可以根据自身情况和偏好自由选择，但只能选择其中一种。据美国农业部调查，种植玉米、大豆的家庭农场更偏向于参加农业收入风险补助计划，而种植小麦的家庭农场更偏向于价格损失保障计划。美国农业部海外农业服务局 Wade Sheppard 介绍，这些保障计划主要起到一定的缓冲作用，并没有覆盖所有市场风险，每个农场最高可获得 12.5 万美元补贴。如果市场行情出现大幅下行波动，农场主还是要承担一定的损失。2016 年，美国农场总的净收入达 620 亿美元，其中农业风险保障计划达 59 亿美元、价格损失保障计划达 20 亿美元，两者占到了农场总净收入的 12.7%。此外，应对自然风险的农作物保险政策一直延续多年。不仅产品种类丰富，既有以产量为基础的保险产品，也有以收入为基础的保险产品，市场化程度更高，越来越成为保障农场收入的重要政策工具。为家庭农场提供了较高保费补贴的同时，并按保费的 18.5% 对商业保险公司提供经营管理费用补贴。

另一方面，适应农业经营者老龄化的发展趋势，多措并举吸引鼓励更多人进入农业，成为新生代农民。美国农业部统计，农业经营者的平均年龄从 1997 年的 54 岁增至 2007 年的 57 岁，约 60% 的经营者已在 55 岁以上。青壮年农民数量更为短缺，难以满足未来农业发展的需要。Gertson 农场主的 14 个孙辈子女中，仅有 3 个愿意从事农业。为了吸引和鼓励更多年轻人、非农人员、退伍军人等进入农业，美国农业部专门建立了新农民网站，为这些未来农场主提供指引和服务。同时，农业法案提出多项措施，促进提高新农民和农场主的生产技能、经营管理能力和市场风险控制能力。比如安排 8500 万美元资金用于新农民和农场主的教育、培训、推广及指导服务，确保新生代农民可持续发展，并将培训对象扩展到了有意愿从事农业的退伍军人。进一步加大对赠地学院涉农专业的资助力度，提高新农民的受教育水平。针对新农民缺乏启动资金的问题，设立贷款基金储备，专门用于经营周转贷款和农场所有权贷款，实施新农民和农场主个人发展账户试点计划，为其农业生产支出提供资金支持。在参加价格损失保障计划和农业收入风险补助计划时，政府给予适当优惠；在参加农作物保险时，给予更高的保费补贴。通过这些政策，培养农业接班人，应对农场主老龄化和年轻人不愿意从事农业的"谁来种地"问题。

二、普通农户能支撑我国农业未来吗

目前，我国普通农户有 2.6 亿，其中家庭承包经营农户有 2.3 亿；家庭农场有 87.7 万个，其中在县级以上农业部门纳入名录管理的家庭农场达 44.5 万个。新形势下，我国农业农村发展进入新阶段，普通农户和家庭农场发展也表现出阶段性特征，从长期趋势来看与美国家庭农场发展颇有相似之处。

一是农业人员数量下降、土地流转速度加快。随着城乡一体化发展，不以农业收入为主的普通农户数量快速增长。据全国农村经营管理统计，非农户和非农业兼业户数量从 2009 年的 3993 万上涨到 2016 年的 4698 万，7 年时间增加了 700 多万户，平均每年增加 100 万户。从三次产业就业角度来观察，农业从业人员数量下滑速度明显，第一产业从业人员占全社会就业总量的比重从 1978 年的 69.6%，下降到 2000 年的 50.0%，再继续下降到 2016 年的 28.3%，每年下降一个多百分点，绝对数量每年减少 1000 万人以上。与此同时，我国农村土地经营权加速流转，2016 年底流转面积占家庭承包耕地总面积的 35.1%。可以预期的是，随着城镇化、工业化进程进一步加快，还会有越来越多的农村人口进入第二、第三产业，农村土地流转比例将会进一步提高，为家庭农场的增长创造了前提。

二是家庭农场数量快速增长、规模不断扩大。 从纳入县级以上农业部门名录管理的家庭农场来观察，2016 年总量为 44.5 万个，比 2015 年的 34.3 万个增长了 30%；平均经营土地面积增长，从 2015 年的 151.5 亩增加到 2016 年的 215.1 亩，扩大了 63.6 亩。从粮食种植类家庭农场规模来分析：经营土地面积 50 ～ 200 亩的小型家庭农场，占总量的 63.2%；200 ～ 1000 亩的中型家庭农场，占总量的 34.3%；1000 亩以上的大型家庭农场，占总量的 2.5%。其中，大型家庭农场增速最快，比总体增速快 9 个百分点。

三是家庭农场市场化、多元化程度不断提高。 随着土地经营规模的扩大，家庭农场经营风险增加，倒逼其更加注重质量和效益，实施标准化生产，强化品牌培育和推广，追求更高的产业增值收益。到 2016 年底，销售收入超过 100 万元的家庭农场达到 2.9 万个，拥有注册商标的家庭农场达 1.7 万个，通过农产品质量认证的家庭农场超过 9200 个，一批家庭农场还成为了大型龙头企业的出口备案基地。同时，家庭农场的经营范围从主要限于农业生产环节逐步走向多元化经营，从粮经结合、种养结合，再到种养加一体化、一二三产业融合发展，种养结合的家庭农场占比达到 10.6%。据农业部对全国 3000 多户家庭农场生产经营情况的跟踪监测，家庭农场的年平均纯收入达到 25 万元左右，劳均纯收入近 8 万元，不仅远高于普通农户收入，也高于城镇居民人均可支配收入，农场主成为了真正意义上的职业农民。

虽然我国同美国的国情、农情有很多不同，在人均占有土地的资源禀赋方面存在天然差距，但从农业人员减少、土地流转加速、家庭农场规模扩大的阶段性特征来看，我国家庭农场发展变化符合全球农业发展的一般规律，与美国等发达国家家庭农场的演进趋势也高度吻合。当然，相比于美国、欧洲家庭农场的数量减少、规模不断扩大的质量提升阶段，我国尚处于普通农户平稳退出、家庭农场数量快速增长与规模不断扩大并存的数量扩张阶段。但是需要注意的是，在一些发达地区已经出现了家庭农场质量提升阶段的发展苗头。上海市松江区家庭农场数量在 2013 年达到了最高的 1267 个，随后数量不断减少，2016 年为 966 个；平均经营规模则从 113 亩增加至 143.3 亩。

因此，在新的形势下要明确发展方向、增强战略定力、保持历史耐心，更好促进普通农户成长和家庭农场发展，以此来稳固和提高我国现代农业的综合竞争力。

第一，普通农户分化是长期趋势，现阶段要兼容并包。从趋势上看，随着土地经营权不断流转，不在地承包农户将会大量出现，这是绕不开的发展阶段。但必须看到，在当前和今后相当长一段时间内，耕种承包地的普通农户依然是数量最多、经营土地面积最大的群体，更是保障我国重要农产品有效供给和粮食安全的主要力量。一方面要大力发展农业生产性服务业。为那些还继续从事农业的普通农户提供专业化社会化服务，积极推广代耕代种、联耕联种、联管联营等农业生产托管方式，降低生产成本，提高经营效益。另一方面要畅通农村承包地退出渠道。在目前农村土地承包权退出试点经验基础上，尽快研究提出退出办法，既要充分保障广大农民的财产权益，又有利于土地集约节约利用，避免重蹈部分东亚国家因"不在地主"的大量存在导致土地规模经营水平难以提升的窠臼。

第二，家庭农场成长壮大是长期趋势，现阶段要把握基本特征。我国家庭农场经营土地面积不到 1 亿亩，成为农业生产经营的最大主体看来将是长期的过程。因此，当前培育和发展家庭农场，要尊重市场规律。一是规模经营。美国 Gertson 农场经营土地 8000 英亩，农场工作人员仅 10 人左右。我们强调规模要适度，但规模多大合适，应由市场来决定，与机械化水平、农场主的经营管理能力直接相关。这一过程政府行为要规范，既不能人为"垒大户"，片面追求超大规模经营；也不能人为设置"天花板"，抵制先进农户大型化发展。二是租地经济。从美国和中国农地流转情况来看，租地农场势必普遍流行。而且在土地制度供给上，我国农村土地实行"三权分置"，所有权归集体、承包权归农户，不会出现农地买卖的市场交易。因此长期看，如何形成合理的地租水平十分重要。地租日益攀升虽然能够增加普通农户的财产性收入，但也会抬升农业生产成本，削弱农业竞争力，过度虚高还会扭曲土地资源配置，把握相关政策尺度，需要花大力气。三是要培养热爱农业的经营者。农场主的素质决定了家庭农场的发展潜力，未来将决定中国农业的竞争力。习近平总书记讲，要培养爱农业、懂技术、善经营的新型职业农民。其中最关键也被排在首位的是爱农业。只有真正热爱农业，把干农业当作事业、当作一种生活方式，才能全身心投入家庭农场发展，学习技术、钻研管理自是顺理成章之事。

第三，多元化是长期趋势，现阶段要发挥比较优势。从长期来看，我国家庭农场有规模扩大的演变趋势，但考虑到我国的经济社会条件和人均资源稀缺的基本情况，决定了我们追求美国那种超大规模的家庭农场是不现实的，而且也难以在资源性农产品生产，特别是粮食、棉花、油料、糖料等大宗农产品生产方面，形成国际比较竞争力和比较优势。我国农业资源的多类型决定了农业产业结构多样化和多元化：与美国、加拿大等相比，在园艺、畜牧等非资源性产品上具有相对竞争力；与日本、韩国等相比，在粮食生产上具有绝对竞争力。培育和发展家庭农场要注重比较优势，形成大国农业的综合竞争力，重点从多元化上下功夫，积极引导家庭农场从事集约化生产，提高农业机械化水平，投资建设连栋温室、日光温室、规模化养殖设施设备，发展绿色农业、循环农业和有机农业；专业化经营，围绕某一主导产业，进行种养结合、粮经结合、种养加一体化布局，挖掘农业多种功能，大力发展观光采摘、休闲旅游、农事体验等新业态农场；市场化运作，积极与农民专业合作社、龙头企业等进行服务对接、产销对接，抱团创品牌闯市场，形成一体化经营组织联盟，打造农业产业化联合体，提高市场竞争力。

三、农业政策的调整方向

借鉴美国支持家庭农场发展的政策调整思路，结合我国实际情况，构建面向未来的普通农户和家庭农场支持保护政策体系，应更好发挥市场和政府作用。

一方面，市场要起主导作用，让普通农户和家庭农场唱主角。要充分发挥市场配置资源的决定性作用。尤其是在当前经济全球化、贸易自由化、城乡一体化发展的大背景下，对于作为市场主体的普通农户和家庭农场来说更是如此，只有在市场竞争的大熔炉中不断锻炼，才能具备核心竞争力。至于家庭农场数量多一点，还是少一点，农产品价格高一点，还是低一点，作为正常的经济社会现象，要提高我们政策调控的耐心和容忍度。在资源组合方式上，采取土地出租、转包，还是采用土地、资金入股的方式组建家庭农场，发展多大的规模；在产业方向选择上，是搞种植还是养殖，亦或是种养结合、发展休闲农业，要不要发展加工；在生产经营方式上，谁适合成为农场主，农场要不要雇人、雇几个人、雇多长时间，是不是家庭成员来运营，是采用公司制还是合伙制，等等。针对以上问题，在遵循相关法律法规和不违背基本政策的原则下，不要予以过多干预，让普通农户、家庭农场主自己来决定。要充分相信市场这只"看不见的手"，会努力创造出最佳规模、最佳效益和最具竞争力的家庭农场发展格局。同时，面向世界贸易组织规则框架下的国际农业竞争，家庭农场对政府的直接依赖程度越低，越能够与美国、欧洲的农场同台竞技中保持优势。

另一方面，政府要起引导和保障作用，构建普通农户和家庭农场的服务网。着眼于长期发展趋势，遵循市场起决定性作用的大思路，政府重点做好引导、服务和保障工作。

其一，农业部门应大大增强对普通农户和新型农业经营主体的服务职能，继续减少对农业生产行为的直接干预。美国农业部的职能设置具有一定参考意义，其与家庭农场等农业经营者直接相关的部门有农场服务局、风险管理局，负责家庭农场的保障计划、作物保险等，还有农业统计服务局、经济研究服务局等作为支撑，定期发布农产品价格报告、农业生产投入品价格报告、农场收入及金融信贷等基础数据信息，以此来测算各类补贴标准。顺应当前简政放权的大趋势，农业部门在继续减少行政审批事项、减少对农业生产行为直接干预的同时，应下决心强化对农业经营者的服务职能，包括增强农业经营主体服务、金融保险、市场营销、国际贸易、统计分析等事务，统筹协调分散在各部门中的相关职能，构建一个以普通农户和新型农业经营主体为中心的服务体系。

其二，普通农户和家庭农场支持保护政策应更具普惠性、市场化，逐步减少对特定主体的项目资金支持。整合归并涉农项目资金，减少重复交叉、多头管理的现象，提高财政资金的使用效率。同时，更加注重发挥财政资金的杠杆作用，运用担保贴息、政府购买服务、风险补偿等方式，撬动金融资本和社会资金支持现代农业发展。家庭农场是建立在租地经济上的土地集中型规模经营，可更多从完善生产基础设施等方面加大支持；农民合作社、龙头企业是建立在为普通农户和家庭农场服务基础上的服务带动型规模经营，可更多从密切利益联结机制、提高服务能力上加大支持。但在具体支持对象上，不管是普通农户，还是独户家庭农场、合伙农场、企业农场，都应一视同仁对待；不管是国家级还是省级、大型还是中小型的农业经营者，只要生产经营行为符合政策导向都应获得资金支持。从而倒逼诸多普通农户和新型农业经营主体坚持以市场为导向，而不是以政府、项目资金为导向来配置资源要素，最大程度减少农业政策造成的市场行为扭曲。

其三，普通农户和家庭农场支持保护政策应保持连续性和稳定性，让农业经营者有明确的政策预期。在长期政策安排上，要抓紧抓实确权登记颁证工作，尽快研究和明确土地承包关系长久不变的具体实现形式，修订完善农村土地承包法等相关法律法规，为农村土地实行"三权分置"提供法制保障，让农户吃上"定心丸"。在中短期政策安排上，一般而言，美国每5年左右修订农业法案，以法律形式强化对农业的支持保护，并体现出很强的延续性和权威性，从而让家庭农场主及其相关利益者都有稳定的政策预期。借鉴发达国家成功做法，我国也应加强农业法律制定和完善，将"三权分置"制度框架下的主要农业支持保护政策纳入法律体系，建立稳定的农业投入长效机制，提高透明度和可监督性，消除由于政策变化调整给普通农户和新型农业经营主体造成的不确定性，降低政策学习成本，增强自我发展的内生动力。

（作者张红宇系湖南师范大学中国乡村振兴研究院专家委员、中国农业风险管理研究会会长，寇广增、李琳、李巧巧单位：农业部经管司、农业部国际交流服务中心）

◎责任编辑：李珊珊

法国与英国推动农业经营专业化与城乡互补启示

⊙ 秦中春　周群力

通过对法国南部和英国北部的乡村生活以及现代农业发展情况进行实地考察，我们发现，法国和英国的农业经营已经实现专业化，乡村发展已成功转型，乡村居民很多但其中农民很少，已经不存在传统意义上的农民，新一代农民收入处于当地中等或以上水平，城乡发展已相互融合。法国和英国乡村发展变化的趋势、促进乡村转型发展的一些做法，对我国更好实施乡村振兴战略有重要启示和借鉴意义。

法国英国乡村和农业的转型发展在 20 世纪就已经发生，两国在乡村发展政策和体制方面进行了一系列改革。

一是实行农业经营专业化，培育现代化新型农民队伍。据法国国家科研中心的研究，20 世纪中叶后，法国乡村和农业发展发生了一个重大变化：在一代人的时间内，法国传统农民就走向了终结，这些农民曾是一个以千年计的传统农耕文明的代表。与此同时，一些从事商品农业生产的新型农民出现，为市场提供了充裕的食品，推动了乡村社会的惊人变化，实现了家庭和经营的分离，使多种兼营活动蓬勃发展，新型农民积极参与合作、信贷和互助组织建设，这些农民是现代化高效率的商品农业的劳动者，他们的数量仅为二战前后传统农民的三分之一。值得注意的是，在法国乡村发展进程中相关政策规定：凡是在法国从事农业生产经营的人，不管是用自有土地经营，还是租赁别人的土地经营，都需要注册办理公司经营证，要交税、办理保险、获得欧盟补贴等，凡是没有注册为公司的是不能从事农业经营活动的。这个政策的实施相当于对农民的从业资格进行了严格规范，并在此基础上进行管理服务和提供补贴，推进了农业经营专业化、传统农民的分化和新型农民的职业化，最终建立和形成了一支现代化的少而精的新型农民队伍。

二是支持农业科研推广，建设稳定的科技支撑体系。科研支撑和人才培养是现代农业的基础，是解决资源要素瓶颈约束的重要途径。与工业化和城镇化的科技不同，农业科研及推广对自然条件依赖性大，需要开展定点对比试验，需要长期不断积累。英国洛桑农业研究中心从 1843 年就开始进行小麦生产科学试验，并长期进行定点对比试验，取得并积累了完整的试验数据，为英国乃至世界农业科研提供了基础支撑。英国土地的土壤条件较差，但由于其农业技术发达、土地开发科学，土地多已成为熟化地，农作物产量、农业劳动生产率都很高，每年以占全部从业劳动力约 1% 的农业劳动力就能生产全部所需的 60% 的农产品。英国对农业科研和新技术、新成果的普及和推广高度重视并不断加强，农民素质不断提高，这成为促进其农业发展的重要因素。

三是参加欧盟共同农业政策，建立统一市场和监管补贴体系。欧盟共同农业政策对法国和英国农业的发展影响很大。这项政策最初的目的是推进欧洲重建、解决食品供应短缺问题、实现农产品自给。这项政策自 1960 年 6 月底提出，从 1962 年开始正式实施，至今已有 50 多年，其具体内容不断随时代发展而变化。两国参加这一政策体系后，农产品在价格上较为有利，农业劳动生产率较高的农场主享有竞争优势，乡村发展的多样性、多功能性、现代化和自然环境的保护得到增强，并建立了有效运转的生产监测、市场管理和补贴体系，农业管理更加规范并逐渐趋同。

四是推进城乡功能互补，将生态宜居开发为乡村发展的比较优势。法国和英国在工业化、城市化进程中，不仅重视现代农业的发展，而且重视发挥乡村的多功能性，推进城乡功能互补。目前两国的乡村已经实现生态宜居，吸引了大量人口到乡村居住和旅游、度假等。住在乡村的人口不以农民为主，有市民、农民、游客等各类人口，特别是有很多收入水平较高、灵活就业的人口和中老年人口等。大量的非农业人口居住在乡村，不仅优化了城乡发展格局，而且优化了乡村人口结构，提高了乡村经济社会发展水平。

五是加强对土地发展权的管控，促进乡村长期健康稳定发展。土地使用制度对乡村发展非常重要，它的一个重要内容是对土地发展权的界定和管理。法国和英国的土地既有个人所有制，也有公共所有制，但政府在公共管理上一律严格且平等要求。特别是通过对土地发展权进行深入界定和合理规范，按照规划和法律等进行严格管控，保证社会公众利益不受私人发展侵犯，实现了人与人之间在土地利用上的利益平衡。

六是改革市县行政关系，推进城乡公共服务均等化。法国和英国城乡发展已经融为一体，一个重要原因是，乡村区域的行政管理和城镇区域的行政管理，两者地位平级，公共管理服务方式和内容趋同，这个变化从 20 世纪就已经开始发生。

从法国和英国的乡村发展历程看，乡村建设得好，同样可以成为新的经济增长点，但这必须在乡村发展中引入新的模式，把综合开发乡村的比较优势作为重要目标。两国的实践表明，靠在乡村单纯发展农业以及向农民提供补贴的传统模式，难以实现既定目标。毕竟，农业部门能提供的就业机会不到 10%。

还要看到，乡村的概念是以人口密度等指标来界定的，乡村产业的发展远不限于农业，乡村有"绿色地区"，也有"棕色地区"（比如小城镇）。发达国家有大量人口在乡村生活，这些人口是乡村居民，但他们的生活方式是城市化的。因此，这些国家在政策设计上，不是一提到乡村发展就聚焦于补贴农民，包括实行产业倾斜政策和收入直接补贴政策等，这种模式的政策效果是十分有限的，因为补贴后农民经营的内容可能还是原来的，农业结构和发展模式没有变化，导致城乡差距仍然存在甚至继续扩大。

可见，促进乡村发展转型需要考虑促进跨产业跨行业发展，培育积聚人口和服务的小型城镇及"棕色地区"，开发投资乡村特色比较优势。要用投资和创新的理念指导乡村发展，重视开发有增长潜力的产业或环节，推进乡村结构性改革。需要提醒的是，乡村投资是非常复杂的事情，关键要有人和机构去乡村做大量的基础性和服务性工作。

与此同时，振兴乡村要更加重视有序发展。当前，我国实施乡村振兴战略的任务紧迫，但乡村建设发展涉及面广，需要的投资大，面临多种矛盾，农业发展方式转变也面临一些困难，必须从长计议，有序推进，这就需要把提高政策设计的科学性、合理性和连续性作为重要标准。

在法英两国的实践中，最重要的机制是重视发挥地方基层政府作用，引入长期规划和土地发展权管控。在法国和英国的乡村发展中，人口结构和农业地位的变化很大，但通过加强规划引领和实行严格的土地发展权管控等，乡村布局、结构、基础设施和古建筑等都实现了发展的稳定性和连续性，保障了乡村生态宜居。应该看到，乡村发展是个"慢变量"，在谋划上既等不得，也急不得，要在政策措施方面有百年大计甚至千年大计的准备。要对乡村现代化和后现代化进行统筹考虑，对城乡发展进行统筹融合，有序推动乡村结构调整和发展方式转变。要长期持续重视农业科研推广，积极稳妥推进土地制度改革，着力解决已经进入乡村发展创业的各类人员特别是新农民和新居民所面临的各种现实问题，建立有效解决问题的渠道和机制。

（作者单位：国务院发展研究中心农村经济研究部）

◎责任编辑：李珊珊

想说就说

精准帮扶与农民的"不精准"舆论

⊙ 陈小锋

2020 年底，我国如期完成了新时代脱贫攻坚目标任务，进入到由脱贫攻坚到乡村振兴的过渡阶段，在过渡期要做好防止返贫工作，巩固好脱贫攻坚成果。精准帮扶作为精准扶贫策略在过渡时期的延续，应当继续注意"精准"的意义。无论是脱贫攻坚的精准扶贫，还是衔接过渡期的精准帮扶，精准的制度设计都可能遭遇"不精准"的舆论评价，梳理和解释脱贫攻坚时期和衔接过渡阶段"不精准"舆论的生成语境和机制，有助于理解"不精准"舆论的实质，继而改进当下的精准帮扶措施。

一、程度与性质语境中的"不精准"

在脱贫攻坚时期，不少地方采取由贫困发生率而确定贫困名额的操作方法，其结果有时与实际贫困人口数额不完全一致。一般农村社会，个别农户因生活困难而被确定为贫困户，多数农民对此并没有太大疑义，争议经常出现在那些似是而非的贫困户的资质问题上。贫困线是一个确切的数字，数字线附近的农民生活水平大致相当，但是分化程度不高的人群因为名额配给和硬性的贫困识别线而被分为贫困户和非贫困户，生活水平上模糊的程度差异转化为明显的"是"与"不是"问题，由此，近乎同质化的人群里因一个数字而有了质的不同。

在另一层意义上，日常生活中的农民与国家直接互动的机会并不多，甚至没有直接互动，扶贫资源是国家的象征，获取扶贫资源对一些农民来讲意味着与国家发生了联系，或许得到资源多少并不重要，重要的是与国家有了直接关联，非贫困户是没有这个机会的，因而也会有"是"

与"不是"的区分。

事实上，农村社会是一个熟人社会，各家各户的生计方式和经济状况都相互知晓。很多时候,农民或许在意的不是贫困户与否，而是为什么被"区别对待"。"我们都一样，为什么他有，而我却没有？"身份上的差异决定了农民的斤斤计较，从而引起了"不精准"的舆论。可见，在此情况下，农民的不精准舆论并不是完全的不精准，而是针对程度上的差异被定性为身份上的区别，因而出现低程度精准的舆论。

二、科学与经验语境中的"不精准"

过渡时期的精准帮扶除了使低收入或边缘人群摆脱物质贫困之外，还应包括正向的激励效果，即被帮扶者更加积极地朝着富裕生活的目标而努力。然而，无论是在脱贫攻坚时期，还是当下的过渡时期，从激励效果层面来评估帮扶工作的机制尚未正式形成，既有的研究也不充分。

即便是那些被列为贫困户的农民的评价也会有"不精准"的表达，因为给予型的帮扶政策能让农民短时期内的困难在一定程度得到缓解，但是物资救助对受助者而言，只会产生"没有不满意"的感觉，而不会产生"满意"的效果，也就是说没有激励效果。在此意义上讲，单一的物资扶持无论力度多大，也不会让农民感觉到被激励。甚至对一些地区或农民而言，不仅没有产生保障作用，还出现了不同程度的忧虑，特别是一些帮扶产业的推广过程中，往往会遭遇农民的质疑，纵使产业帮扶政策具有良好的初衷，其实践效果被打折扣的现象却屡见不鲜。如今现代性因素已经渗透到农村社会的方方面面，但是农民的传统观念并没有迅速褪去，在新的农业技术、高经济价值的作物品种面前，农民有时会犹豫不决。

科学实验使新技术、新品种有了充分依据，然而无论农业专家和政府部门如何宣扬新技术、新品种的美好前景，农民更倾向于认为"没有人比他们更了解土地的习性、时令的意义"，新的改变意味着农民要丢弃原有的农业经验、更新自身的知识系统甚至价值理念，而在追求稳定、安全的农业社会里，新的东西还意味着秩序的动荡和风险。在没有看到因为更新技术、物种获得明显收益的案例之前，农民不但不会主动去尝试，而且一般都会持有自己的看法，甚至会流出一些谣言。所以，对产业帮扶的"不精准"舆论实际上是基于农民对新事物的不熟悉、不确定而发生的。

三、客体与主体语境中的"不精准"

一些"客体化"语境中的农业是社会发展的短板，农民在现代化进程中扮演着"拖后腿"的角色，贫困和低收入人口更是农村社会发展的瓶颈因素，农业是现代社会的附属品，而农民始终处于被动的弱势地位，这类认识可能忽视了农民的主体性和创造性。回望历史，农民既是历史的参与者，也是创造者，他们一直都在通过一定的方式展示其主体性和创造性。斯科特的研究也表明，弱势群体表达意见方式是谨慎小心的，公开场合会表现出"话语缺失"，私下的讨论里往往会以"诽谤""诋毁"等方式表达自己的意见，一般不会在公开场合表达自己的不满，或者如同诺依曼的"沉默的螺旋"，弱势的一方学会感知"意见气候"，可能因为发现持有相同意见人数较少而选择沉默，也可能因为意识到意见持有的多数性而大胆表达。

当前的防止返贫工作中，类似的主体性问题并不少见，然而，人们的表达已不完全是那样的被动与沉默，不少案例显示农民正在由间接性表达转为直接性表达，表达也由隐蔽的私下领域走向公开场合，特别是一些没有被列入帮扶名单的农民可能走得更远。比如，陕西某县农妇为了获得贫困户资格喝农药威胁基层干部，河北一老人因没有被列为帮扶对象而直接掀翻了乡镇干部的餐桌。

整体而言，处于被动地位的农村社会正在悄悄地发生改变，农民的权利意识开始逐步形成。那么，无论是隐匿的议论，还是公开的抗议，都源于一种主体性视角对"精准"问题的认识。因此，如果不考虑农民的主体性，无论精准扶贫多么精准，农民对此会有不同程度的微词。因此而产生的农民的"不精准"舆论实质上并不一定是客观的"不精准"，而是通过这种方式来体现他们的主体性。

四、国家与地方语境中的"不精准"

农民历来被认为是勤劳善良的代名词，但也不乏好逸恶劳之人，由此导致的贫困根源在于缺乏主动作为。乡村社会中，人们一般会通过民间舆论对此现象予以谴责，以警示其他人要引以为戒。然而，帮扶政策的介入使那一部分精神贫困、好吃懒做的人不但未受惩戒，反而获得变向的"奖赏"，而自食其力的农民可能会感到略有所失，那么乡村社会原有的舆论和道德标准受到了一定的冲击。新的介入不仅使农民在物质层面的得失有所不同，更重要的是人们坚守的价值体系开始受到挑战，不少人会感到无所适从，由此而产生的一种不公平感在乡村社会传播和蔓延。此时的"不精准"舆论既是对那些精神贫困而被列为帮扶对象的政策安排的质疑，也是对不劳而获者的斥责。也就是说，此时的舆论具有道德评价作用，它是地方价值体系的表现。

不少案例显示，一些基层干部在确定扶持对象时也难免会陷入地方社会网络之中，尽管这种做法不合规，但在地方社会却是"合理"的。事实上，人们争夺帮扶资源的背后隐藏着复杂的人际关系网络，表面上争的是社会帮扶资源，实际上争的是"面子"，体现的是人际关系网和社会地位，因而也就形成一种被帮扶就意味着有优势感的怪象。显然，"不精准"的舆论是国家权力介入地方社会后地方文化网络的本能反应，地方文化网络的作用不仅是舆论层面的界说，它也确实左右了人的实际行动。

五、结语

农民的"不精准"舆论并不是一些琐碎事实的分歧，它的实质是不同语境中不同认识标准建构的结果。舆论所说的"不精准"不是绝对标准的不合理，在特殊的农村社会里，地方社会情境、农民特质与思维习惯决定了"不精准"的舆论。实践中，农民针对一些问题表面上很少公开质疑，但这并不是农民缺乏主体性意识，而是主体性的表达方式会有所不同。如今，处于转型期的中国农民的意见表达更为多样化，农民"不精准"的舆论有时候也并不指向实处，它仅仅只是一种文化权利的表达方式。

基层社会极为复杂，再完善的制度设计，执行过程中都可能在"最后一公里"遭遇质疑的声音，质疑集中在帮扶效果的各种议论，由此产生了"不精准"的舆论。人们表达的直接对象是帮扶资源，但其背后隐喻的是地方文化权力，在此意义上的"不精准"舆论可能在所难免，它属于正常的社会现象，毕竟乡土中国的色彩并没有彻底褪去，理解农民问题需要本土视角与文化自觉。不能因为"不精准"的舆论而盲目否定精准帮扶的成效与基层干部的努力，重要的是要体会农民表达方式、表达机制以及表达语境的变化，在此基础上完善帮扶工作机制和实践方法，使精准帮扶更精准。

（作者单位：延安大学政法与公共管理学院）

◎责任编辑：李珺

粮食保供稳市要用好用足市场和调控"两只手"

⊙ 孙晓明

自 2020 年下半年以来，小麦、稻谷、玉米市场价格攀升，国家托市临储小麦、稻谷、玉米密集出库，大豆、玉米进口数量同比有大幅度提高，粮食宏观调控及早干预、精准发力，充分利用了国内国际双循环新格局，粮食购销两旺，粮食市场活而不乱。要善用市场无形的手和国家粮食宏观调控有形的手，十指相扣，精准发力，逐步引导粮价由市场完全形成，提高粮食流通市场化、流通业态现代化水平。目前应继续坚持和完善小麦、稻谷主粮托市收购政策，进一步借鉴玉米、大豆、棉花市场化收购 + 生产补贴的成功经验，并且加快现代农业发展步伐，按市场需求、产品结构性需求，加快粮食供给侧结构性改革，调整粮食生产结构和市场经营体系，走一条安全高效、绿色优质、满足人民群众多样化需求的粮食农业发展道路。

1. 加快粮食安全保障立法进程。

用法律的形式把两大主粮托市收购主体、职责范围、卫生质量标准、价格形成机制、竞价销售的办法，以及监督检查主体和对象，纳入利益调整关系范畴，规范其运作，这也是粮食人和农民多年的期盼。因此建议：一是打破中储粮一家独大的局面，增加地方国有粮食购销企业为托收收购主体，分贷分还，这样可以避免恶性无序竞争，损害农民利益；二是鉴于粮食最低收购价确保低收入人群口粮政策不明确，特别是面对重大公共卫生事件和自然灾害，在困难人群低保收入或价格临时补贴这块，要有体现；三是国家在制定粮食最低收购价时，把小麦、粳稻最低收购价格与粮食生产成本紧紧结合起来，兼顾扩大优质专用粮食种植面积，力促扩大小麦、稻谷市场化收购份额；四是推动小麦、稻谷托市收购政策的有效实施，加大托市小麦及政策性粮食库存的抛储、竞价拍卖政策研究，构建全国及区域性粮食大市场，有效避免粮食集中出库打压市场、粮食待价而沽而引发的粮食市场和价格的大起大落。

2. 制定出台科学合理的粮食托市收购预案启动机制。

粮食托市收购预案启动以地方粮食行政管理部门为主，综合发展改革、农业农村、农业发展银行、中储粮的意见，以实际收购农民的粮食价格为启动托市的市场参照价，而不是以粮食经纪人出售粮食的价格作为托市收购启动的市场价格参照，实际上农民一般都是卖"地头粮"，那才是真实的收购价格，粮食经纪人的售卖价格，已经是第二个收购环节了，目前的粮食流通是种粮农民—小粮食经纪人（一般是走街串巷小三轮车地头收购）—大粮食经纪人—粮食加工企业或粮食购销企业，因此粮食托市收购是否启动参照的市场价，理论上说的市场价不是农民的卖粮价格，实际是粮食经纪人的销售价格，而不是真正的种粮农民送到粮食购销企业或加工企业的到库价。

3. 改革完善粮食储备轮换办法。

粮食收储政策改革理应包含粮食储备制度的变革，特别是粮食储备轮换直接影响粮食市场价格，目前中央、省、市、县四级储备制度已自成体系，但存在市（地）以下储备数量不足或品种结构不合理的问题，同时各自为政，互不说话，也存在一些弊端和问题，如轮换时间和节奏不衔接，集中轮换出库，争相销售，集中轮换入库，争购粮源，对市场和价格带来一些冲击，特别是市（地）以下粮食储备轮换，承储企业各自操作，盈亏自负，由于粮食行情变化不好把控，带来很大的不确定性。建议国家出台中央和地方储备轮换统一衔接政策措施，避免集中出库或无序出库，避免打压市场或抬价争抢粮源，造成市场粮价不稳定。同时理顺玉米、大豆流通渠道，解决粮源多元化问题，形成玉米、大豆等粮油品种国内国际双循环下的供应链条，规范市场主体，理性收购、顺价收购，坚决取缔恶意炒作、囤积居奇、逆市操作等不法行为。

4. 加大粮食税收政策改革力度。

当前粮食购销方式已发生很大变化，基本不存在一家一户自产自销，而是种粮农民—粮食经纪人（粮食合作社、农场）—国有粮食购销企业—粮食饲料加工企业，谁是"种粮农民"，内容发生变化，粮食经纪人或粮食合作社、农场，既是粮商，也是种粮农民，身份发生了变化，目前只有存储各级政府储备粮的国有粮食购销企业是免征增值税企业，民营粮食加工企业不享受免征增值税的优惠政策，饲料加工企业只对自产自销的种粮农民提供收购发票，税收政策明显滞后。建议国家税务部门应抓紧修改国有粮食购销企业免征增值税办法，国有与民营粮食购销加工企业一律平等享受免征增值税的优惠政策，饲料加工企业对粮食经纪人售粮也要提供收购发票。在政策没有改变之前，鼓励粮食购销企业敞开收购农民余粮，或收购粮食经纪人提供的粮食，由粮食经纪人直接为粮食饲料加工企业提供原料，税务部门对于粮食增值税免税企业及时足额提供粮食增值税发票，满足农民或粮食经纪人出售粮食的需求，为粮食加工转化企业提供源源不断的原料支持。

5. 合理引导粮食市场预期。

做好粮食市场和价格市场预期是实施粮食宏观调控、维护粮食市场和价格的有效手段，特别是新冠肺炎疫情爆发以来，合理引导粮食市场预期，确保了粮食保供稳价和市场平稳。一是分口径发声，通过有效媒介平台，政府及时对粮油市场和价格进行解读，正本清源，避免误导误读和干扰。所谓分口径就是从粮油生产、进出口、国内流通和储备政策和执行等环节，分部门进行宣传解读，答疑释惑，不能各说各话或越俎代庖。二是先声夺人，把粮食储备规模数和库存数量公之于众，特别是对粮油应急供应体制机制进行全方位立体式宣传解读，避免出现杂音或混淆视听的声音，合理引导城乡居民理性消费、健康消费。三是立足练好内功，从根本上解决保供稳市的问题。坚持问题导向，建立健全粮油应急供应保障体制机制，充实成品粮食储备规模，改善粮油保供品种结构，确保应保尽保、库存充实、供应无虞；同时建立健全粮油市场和价格预警预测机制，避免数出多门或无效重复劳动，充分利用互联网、大数据、物联网、云平台，自上而下、自下而上形成一套科学合理的市场预判、预警、统计分析的数字化粮食预警监测网络体系。

（作者系中国粮食行业协会、中国粮食经济学会理事）

◎责任编辑：李珺

强化产业支撑，筑牢乡村振兴之基

⊙ 贺婷

　　乡村振兴出发点在乡村，落脚点在振兴，受力点在产业、人才、文化、生态、组织五个方面，其中产业是既是龙头又是根基。产业发展说是容易做是难，要发展壮大一个产业难，形成一个龙头产业、支柱产业更难，发展一个能带动周边群众致富增收的产业更是难上加难。一个好的产业不仅需要有好的思路、规划，还需要大量启动资金，更需要产业融合、延伸产业链，方可大成。

　　一是规划先行，绘制乡村振兴宏伟蓝图。乡村振兴战略，是一项长期的历史性任务，也是一项复杂的系统工程，规划则是实施这项系统工程的"第一道工序"，必须对接"十四五"发展规划和二〇三五年远景目标，严格按照乡村规划"一张图"、基础设施"一张网"、产业布局"一盘棋"的思路，做到统一编制规划、统一管理规划、统一实施规划，实现产业规划、建设规划、交通规划、土地利用规划"四规合一"，确保乡村振兴依规推进。在制定规划时，要坚持领导、专家和群众相结合，不仅要体现党委、政府的发展理念，也要体现专家学者的专业水平，还要体现城乡居民的价值需求。尤其要注重规划的持续性、权威性和法定性，规划一经批准，不得随意修改，特别是不能因为地方领导人的变更而变更，更不能因为个别领导的意见擅自修改。应结合地理位置、自然环境和城镇发展条件，坚持分类指导、因地制宜，宜农则农、宜工则工、宜商则商、宜游则游，合理布局特色产业，实现特色发展、错位发展、合作发展，提升区域综合竞争力。

　　二是"资本下乡"，"注射"乡村振兴"兴奋剂"。民间资本下乡，有助于提升我国农业发展的质量、效益、竞争力，完善和延伸农业产业链、价值链，也有助于促进资本、技术、创意、市场、信息等现代要素在农业领域加快融合。"资本下乡"有两个好处：一是解决农村发展资金不足的当务之急，"用钱生钱"，大大缩短农村产业发展从小到大、从无到有的时间。二是打开农村发展理念滞后的"总开关"，"资本下乡"带来的不仅是资金，同时也会带来"智慧"。受传统农村观念的影响，我国的农民群众都很朴实，也很守旧，要想打开思想的"开关"，具有明显效果的做法就是以点带面、以面带片的领头羊法、示范带动法，用成功案例来带领更多群众参与，起到"四两拨千斤"的作用。农村发展需要资金，更需要资金带来的资本管理、运作等一系列"外力"。政府需要做的就是用规划引导"资本下乡"、用政策鼓励"资本下乡"、制度保障"资本下乡"，进而实现"双赢"甚至"多赢"的局面。

三是产业融合，实现乡村振兴全面进步。发展壮大村级产业是推进乡村振兴的动力源泉，是实现全面小康的必然要求。健全农村一、二、三产业融合发展体系是提高农业产业质量的必然要求，形成以工促农、以城带乡、工农互惠，以延伸产业链，提高附加值为目标，是促进一、二、三产业融合发展，推进乡村振兴健康、快速发展的关键所在。要大力发展特色产业，坚持群众主导、政府辅助的原则，"宜种则种、宜养则养"，既不可大包大揽，又不可放任自流，既要大力实施"一村一品"产业培育工程，又要统筹推进"一乡一业"规模化发展，以品牌提升效益。要大力推进农商融合，推动龙头企业与农户、合作社建立紧密型利益联结机制，让农民能享受到现代农业种养加贸等产业链条的各个层次的收益，让农业更强、农民更富。要大力发展乡村旅游，依托环境保护工程，按照绿水青山就是金山银山的发展理念，把绿色资源变成致富的资产。

（作者单位：四川省犍为县玉屏镇人民政府）

◎责任编辑：李珺

图书在版编目（CIP）数据

中国乡村发现.总第60辑 2022（1）/陈文胜主编.—长沙：湖南师范大学出版社，2022.4

ISBN 978-7-5648-4523-0

Ⅰ.①中… Ⅱ.①陈… Ⅲ.①农村—社会主义建设—中国—丛刊 Ⅳ.①F32-55

中国版本图书馆CIP数据核字（2022）第058714号

ZHONGGUO XIANGCUN FAXIAN

中国乡村发现　总第60辑 2022（1）

陈文胜　主编

出 版 人｜吴真文
责任编辑｜吕超颖
责任校对｜胡　雪

出版发行｜湖南师范大学出版社
　　　　　地址：长沙市岳麓区麓山路36号　邮编：410081
　　　　　电话：0731-88853867　88872751
　　　　　传真：0731-88872636
　　　　　网址：https://press.hunnu.edu.cn/
经　　销｜湖南省新华书店
印　　刷｜湖南雅嘉彩色印刷有限公司

开　　本｜710 mm×1000 mm　　1/16
印　　张｜10
字　　数｜180千字
版　　次｜2022年4月第1版
印　　次｜2022年7月第2次印刷
书　　号｜ISBN 978-7-5648-4523-0

定　　价｜25.00元